杉原千畝氏像（岐阜県加茂郡八百津町、人道の丘公園）

JN150883

世界の記憶に申請した杉原ビザリスト。32 枚に 2140 通分の名前が刻まれている（外務省外交史料館所蔵）

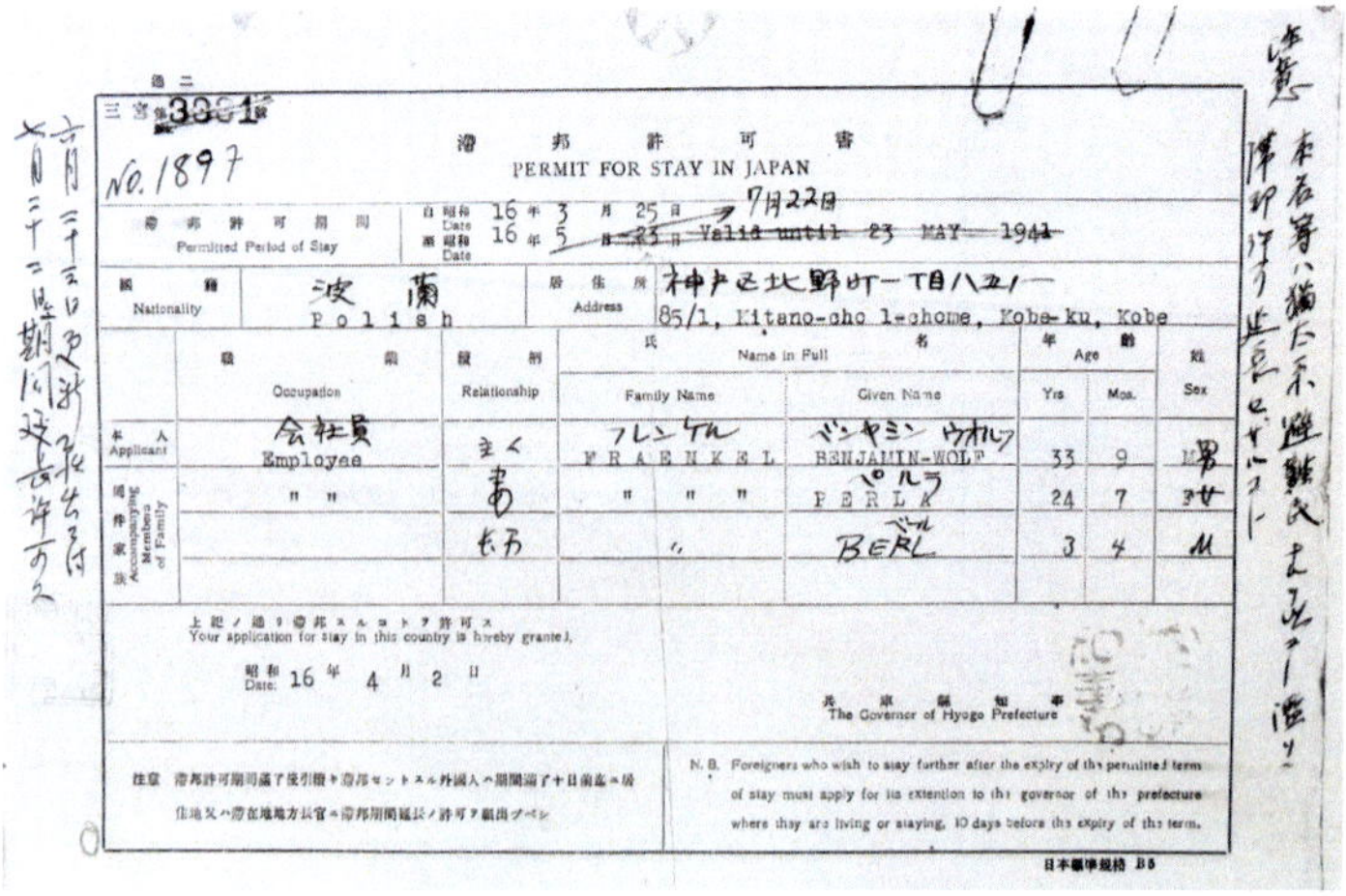
滞邦許可書
PERMIT FOR STAY IN JAPAN
No. 1897
滞邦許可期間 Permitted Period of Stay
自昭和16年3月25日 Date
至昭和16年5月23日 7月22日 Valid until 23 MAY 1941 Date
國籍 Nationality 波蘭 Polish
居住所 Address 神戸区北野町一丁目八五ノ一 85/1, Kitano-cho 1-chome, Kobe-ku, Kobe

	職業 Occupation	續柄 Relationship	氏名 Name in Full: Family Name	氏名 Name in Full: Given Name	年齢 Age: Yrs	年齢 Age: Mos.	性 Sex
本人 Applicant	会社員 Employee	主人	フレンケル FRAENKEL	ベンヤミン ウオルフ BENJAMIN-WOLF	33	9	男 M
同伴家族 Accompanying Members of Family	〃 〃	妻	〃 〃	ペルラ PERLA	24	7	女 F
		長男	〃	ベル BERL	3	4	M

上記ノ通リ滞邦スルコトヲ許可ス
Your application for stay in this country is hereby granted.
昭和16年4月2日 Date
兵庫縣知事 The Governor of Hyogo Prefecture
注意 滞邦許可期間満了後引續キ滞邦セントスル外國人ハ期間満了十日前迄ニ居住地又ハ滞在地地方長官ニ滞邦期間延長ノ許可ヲ願出ヅベシ
N.B. Foreigners who wish to stay further after the expiry of the permitted term of stay must apply for its extention to the governor of the prefecture where they are living or staying, 10 days before the expiry of the term.
日本標準規格 B5

兵庫県がベルティ・フランケルさん一家に出した滞在許可書。
日本語と英語で書かれている（ベルティさん提供）

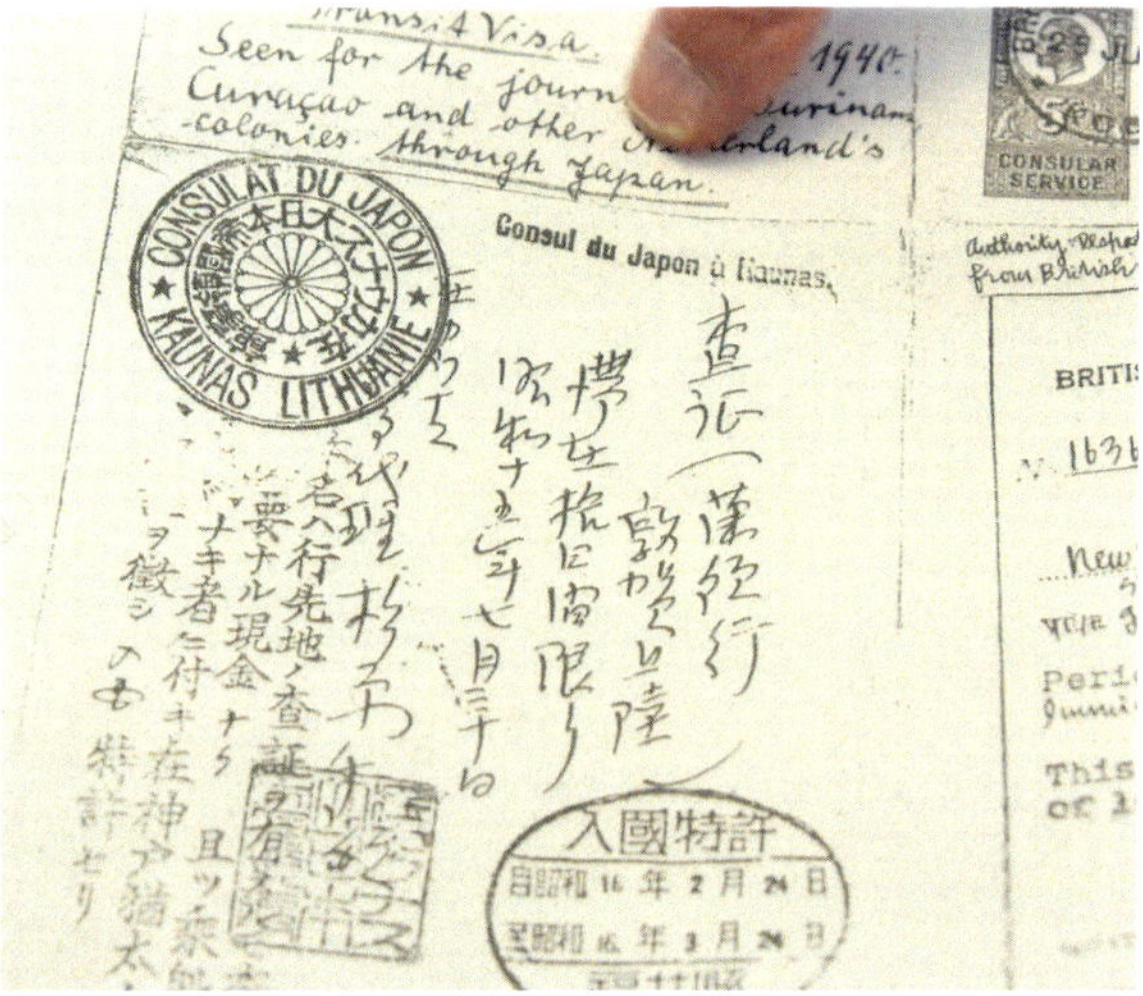

ベルティさんが保管する杉原ビザの写し（ベルティさん提供）

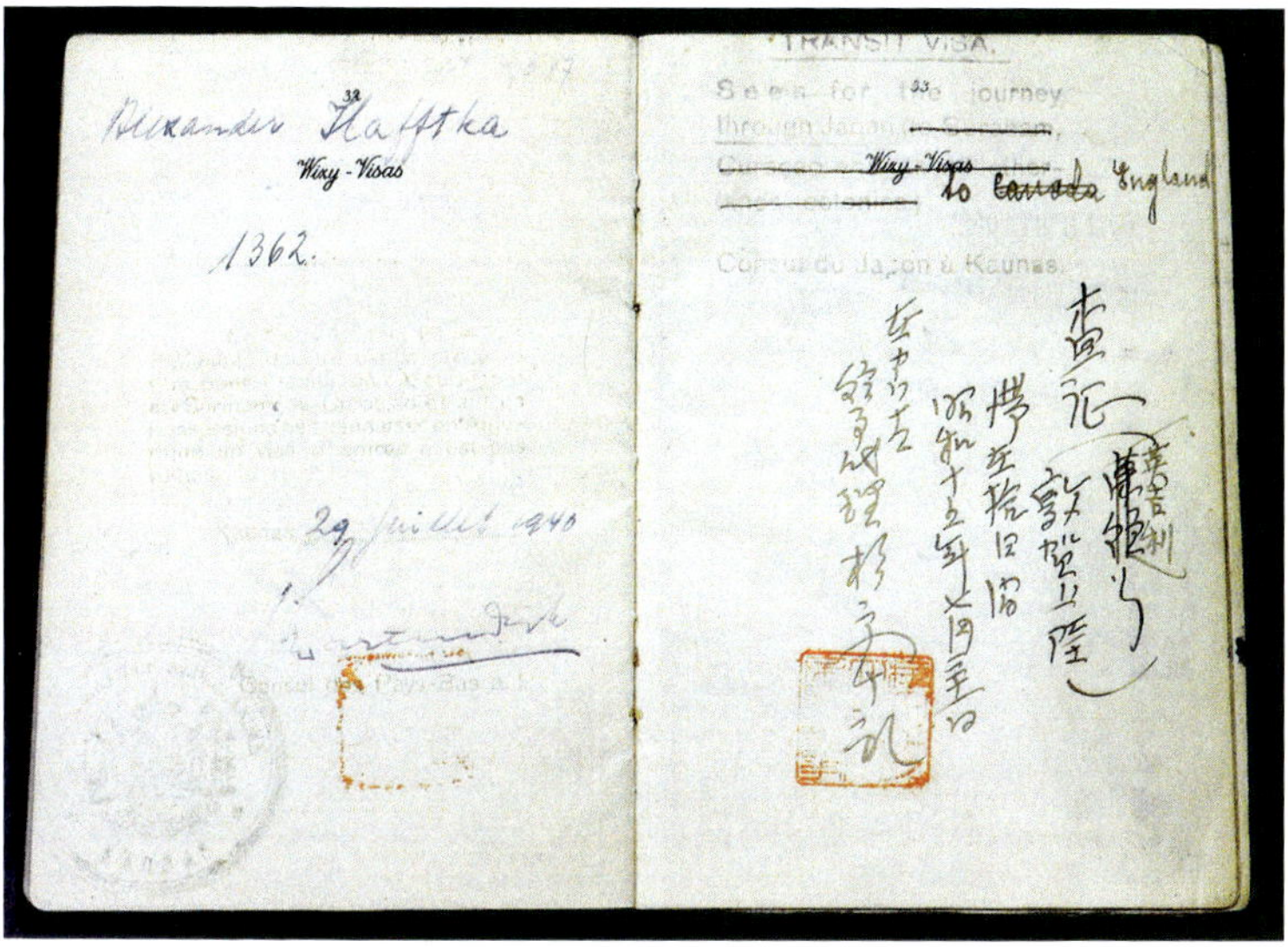

杉原千畝氏が手書きした査証が記載されたアレキサンダー・ハフトゥカさんのパスポート（八百津町所蔵）

昭和初期、敦賀港金ヶ崎桟橋に接岸する汽船（敦賀市立博物館所蔵）

ユダヤ難民にリンゴを手渡す牧師ら
（1941 年2月、神戸ユダヤ協会）
（斉藤真人さん提供）

神戸市に滞在したユダヤ難民（前列）
（中島信彦さん提供）

福井県敦賀市の故渡辺喜好さんが
ユダヤ難民から買い取ったとされる
時計（人道の港 敦賀ムゼウム所蔵）

ユダヤ難民を乗せた貨客船で唯一残る氷川丸（横浜市、山下公園）

スピバック・スロル・レイブさんがパレスチナを目指した
「まにら丸」の絵はがき（レイチェル・フライフェルドさん提供）

人道の港 敦賀ムゼウム(敦賀市)

「人道の丘公園」。奥に八百津町の町並みが見える（八百津町、小型無人機より）

再現された執務室で芳名帳に記帳する赤塚新吾八百津町長(当時、右)と
古田肇岐阜県知事(中央)(リトアニア・カウナス、杉原記念館)

杉原千畝広場　センポ・スギハラ・メモリアル(名古屋市、瑞陵高校)

杉原千畝氏を取り上げた小学校道徳の教科書

創作劇「イェフダーと七つの灯」を演じる八百津小学校の児童たち
（八百津町ファミリーセンター）

千畝の記憶

岐阜からたどる「杉原リスト」

岐阜新聞社

はじめに

もし、あなたがユダヤ人を助けたい、と決断するならスタンプを押してください―。杉原千畝記念館（岐阜県加茂郡八百津町）に再現されたリトアニアの日本領事館執務室「決断の部屋」にある入館記念スタンプ。大勢の来館者がパスポートを模したリーフレットの「査証（ビザ）」に静かに押していく。

この部屋にいると、自分が杉原だったら、あの状況下で杉原のような決断ができただろうか、と自問する。再三にわたる外務省の訓令に背いて通過ビザを発給できたか。杉原は、1977年のインタビューや80年代の手記の中で、回想している。「国はノータッチ、関わるなと言ってきた。ビザを発給しなかったら、本省に対し従順であると、ほめられるだろう。私は煩悶のあげく、人道、博愛精神第一との結論を得た」。

しかし、戦後長らく、杉原の存在は史実から消されていた。杉原の名誉回復がなされ、国が遺族に陳謝したのは20世紀が終わろうとする時だった。

岐阜新聞は、関連史料の「世界の記憶」申請に合わせ、あらためて杉原の足跡をたどろうと、堀尚人記者を中心に国内外で取材を進め、2016年5月から2017年12月まで、全8部、56回にわたって連載を続けてきた。いま、杉原本人への取材がかなわないことが悔しくてならない。今回、ユネスコの登録には至らなかったが、杉原の勇気と精神を本書で実感してほしい。

岐阜新聞社常務取締役　桐山　圭司
（連載当時編集局長）

第7章　名誉回復

第1章　ユネスコ申請

「杉原ビザリスト」（外務省外交史料館所蔵）

家族が語り継ぐ愛

潮風が甲板を吹き抜ける。かつて「命のビザ」で横浜にたどり着いたユダヤ難民を北米に運んだ「氷川丸」は、今も往時の姿をとどめていた。

2016年2月、横浜港で開かれた岐阜県加茂郡八百津町主催のシンポジウム。杉原千《ち》畝《うね》関連史料の「世界の記憶」（世界記憶遺産）登録への機運を高めるため、ゆかりの同船が会場に選ばれた。

スクリーンに映し出される船上のユダヤ人たちのモノクロ写真。「HIKAWA MARU」の浮き輪を手にした少年の笑顔が、生命の危機が去った安堵《あんど》感をうかがわせた。

聴衆を前に、1人の女性がビザ発給の様子を語っていく。「領事館の外の鉄柵のところに大勢のユダヤ人が集まっていました。『どうしてあそこにいるの？』『パパに助けてほしいと来ているのよ』」

女性は千畝の長男弘樹の妻、杉原美智（78）。会話は1940年のリトアニアでの千畝

氷川丸の甲板に立つ杉原美智さん（右）と娘のまどかさん
（神奈川県、横浜港）

の妻幸子《ゆきこ》と弘樹（当時3歳）のやり取りを再現している。

「（ビザ発給は）一日300枚というノルマを課して、食事も朝と簡単な夕食だけ。みるみる痩せていったと義母は申しておりました」

戦後、千畝は外務省を免官され、多くを語らず86年に世を去った。代わりに顕彰と復権を担ったのが、家族だった。

幸子は死去から4年後に出版した著作『六千人の命のビザ』で、発給のいきさつを世に知らしめている。弘樹は米国に財団を設立し、133カ所で講演を重ねた。

弘樹らには夢があったという。家族独自の記念館を建て、千畝の精神を後世に伝えるというものだった。

生誕100年の2000年、布石となるNPO法人を設立した。だが翌年、弘樹は胃がんで亡くなる。まだ63歳。「父のところに駆け上ってしまった」と美智は惜しむ。

08年には幸子も死去し、「一主婦としてひっそり暮らしていた」という美智が、やむなく活動を継承した。幸子の介添え役としてつぶさに聞いた講演内容、みとった千畝の晩年の姿を静かな口調で語り継ぐ。

理事長ながらタイ在住の長男千弘(52)に代わり、長女まどか(49)が支える。保険会社を辞めて1年半前からNPO専従になり、映画製作への助言や講演の問い合わせなどで多忙な毎日を送っている。

世界の記憶申請では、必要なパスポート画像の提供を受けるため、米国にも飛んだ。八百津町に協力を惜しまないのは「祖父が大切に思った故郷、心を向けた場所」だからだ。

まどかは高校生のころ、床に伏しがちだった千畝から「僕はもうすぐ天国に行くけれど、ずっと隣にいて君を守っているからね」と何度も聞かされた。慕った「大パパ」の言葉をビザ発給の理由に重ねる。

「祖父は愛の深い人だった。取り巻いたユダヤ人の中には子どももいた。同じように『守ってあげる』と考えたのだろう」

16年は千畝の没後30年の節目。くしくも6月、まどかの長女(20)が米国で初の講演に臨んだ。人道の心は、子から孫、そしてひ孫へと連綿とつながっている。

四半世紀にわたり顕彰

清流木曽川が中心部を流れる八百津町。杉原千畝は同町出身の両親の間に生まれた。かつて木曽川の水運で栄え、今も山では春は山菜、秋はマツタケなどのキノコが採れる山あいの町が、千畝の国連教育科学文化機関(ユネスコ)の「世界の記憶」申請に至ったのには、この豊かな自然が結び付けた偶然の出会いがあった。

町は今も「ふるさと納税」の返礼品として、町内の山に入ってマツタケを収穫する権利を用意している(2019年から取り止め)。14年秋、東京から訪れた男性が山の恵みを

町民らに「世界の記憶」登録について説明する赤塚新吾町長（右）

楽しんだ後、町内を観光。その際、偶然訪れた杉原千畝記念館で千畝の存在と〝命のビザ〟を初めて知り、胸を打たれた。

「なんとかして杉原さんをもっと世間に広めたい」

思いを募らせた男性が相談した知人の1人が元ユネスコ大使。アドバイスを受けて当時の町長赤塚新吾（70）に申請を持ち掛けた。

世界の記憶の存在を知らなかった赤塚。「千畝さんはふさわしいと思う？」。赤塚の問い掛けに男性は「いいと思う」と断言した。「人の命の大切さと世界平和を広く発信するために、手を挙げるべきだ」。赤塚は即座に申請を決めた。

その後の赤塚の行動は早かった。本格的な準備を開始したのは国内委員会への申請締め切り4カ月前の15年2月。最終的に必要な提出書類がそろったのは締め切り2時間前だった。そして杉原リストは9月、申請された16件からたった2件の国内候補に選ばれた。

準備時間の短さは、選考を勝ち抜く資料を整えるのに圧倒的に不利。何度も挑戦し、何度もはね返される自治体もある。それでも国内候補を勝ち取れたのは、町がそれまで四半世紀にわたって千畝を顕彰してきた蓄積があったからだ。

町は、千畝を顕彰するため1992年、同町八百津に「人道の丘公園」を整備。93年には千畝に命のビザの発給を受けて一命を救われたニューヨーク市のシルビア・スモーラー(83)から本物のビザ1通を譲り受けた。2000年には公園内に千畝の関連資料を展示する「杉原千畝記念館」をオープン。千畝の功績を発信し続けてきた。赤塚は「(申請書の)準備は簡単で、やる前は大変だと思っていなかった」と照れ笑いするが、「実際に申請ができたのは、ずっと流れがあったから」と語る表情には、町長として町をけん引した誇りがにじんだ。

1996年から5期20年間町長を務め、2016年1月に引退した赤塚。就任当時は千畝について「それほど知らなかった」と明かす。だが調べるにつれ「誰でも命は一つしかない。その命を救った杉原さんは本当に素晴らしいと思うようになった」。この気持ちは多くの八百津町民が共通して持つという。それが千畝を顕彰する町の事業になり、国内候補に選ばれる蓄積になっていた。

決断の重みを手記に

「最初の回訓を受理した日は、一晩ぢゅう私は考えた。考えつくした」

杉原千畝の1枚の手記は、苦悩から始まる。挿入や二重線による修正の跡が、記憶をたどり、推敲《すいこう》を重ねた文章をうかがわせる。

1940年7月、リトアニアの日本領事館の前に集まってきたユダヤ難民。通過ビザ発給の照会に対し、外務省は行き先国の入国許可など従前の条件を守るよう求めてきた。回訓に従えば、目の前の人々を見捨てることになる。逆に発給すれば、外交官の職を失いかねない。

筆は、ナチスと協調する軍部への反発、ユダヤ民族が世界に及ぼす影響、そして発給しないことが国益かどうかにまで及ぶ。

「苦慮、煩悶《はんもん》の揚句、私はついに人道、博愛精神第一という結論を得た」

この決断で救われた人は、6千人ともいわれる。多くの命を救った一方で、千畝は戦後、外交官の職を失った。妻幸子の著作『六千人の命のビザ』によれば、当時の外務次官から「例の件によって責任を問われている。省としてもかばい切れない」と告げられている。

千畝は、無念のうちにリトアニアの過去を封印した。47年の退職に続き、同国で生まれた三男晴生の急逝(同年)、欧州に同行した妻の妹節子の死(48年)……。立て続けに襲った不幸と重なる同国の思い出は、家族の前でも振り返ることは無かった。

だが、モスクワの貿易会社を退職し、神奈川県藤沢市に戻って間もない78年、千畝は手記を書き始める。当時、78歳。跡取りに当たる孫で当時中学生の千弘と書斎にこもり、原稿用紙に向かった。

「楽しそうに2階に上がって一緒に書いていた」と千弘の妹まどかは懐かしむ。ビザ発

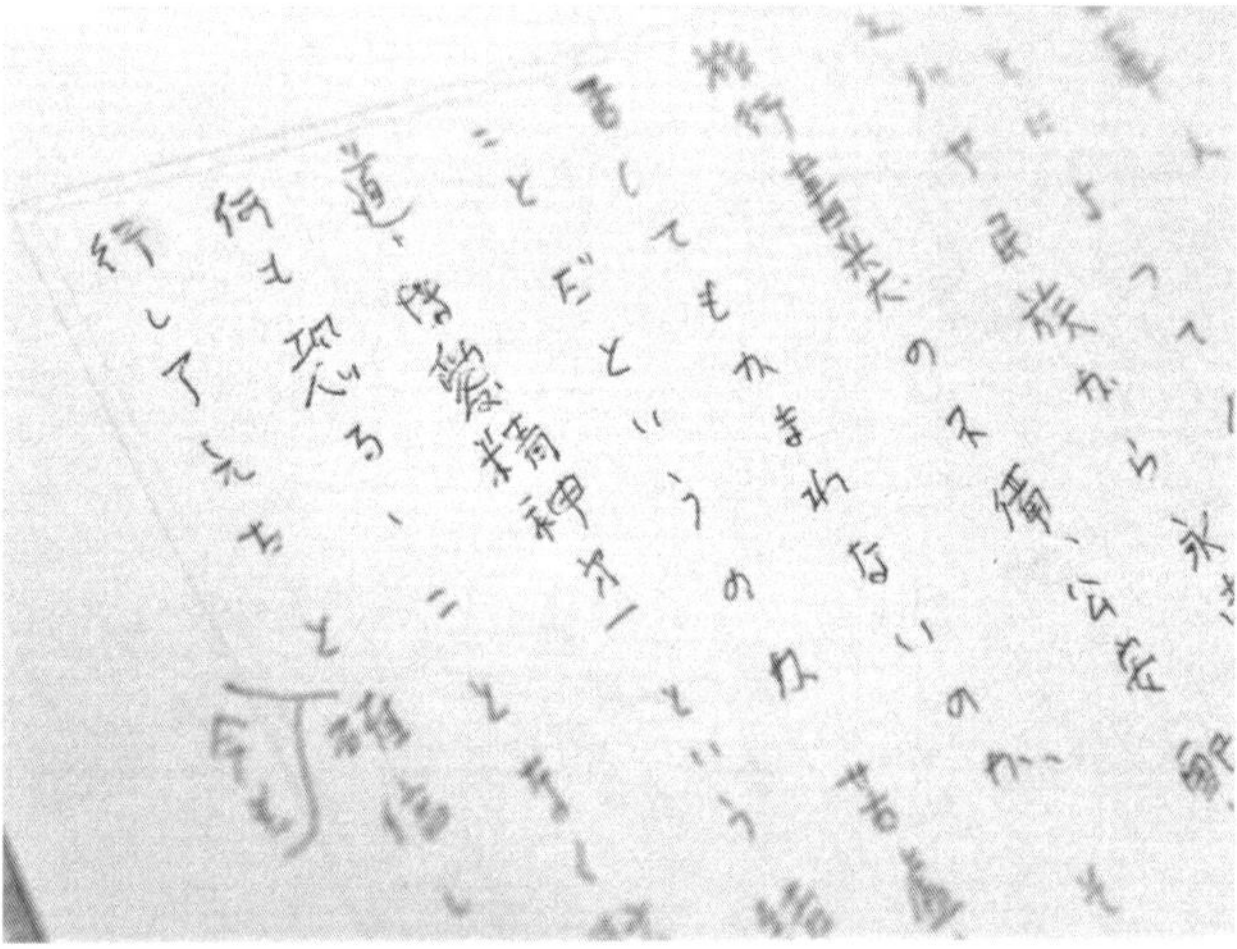

杉原千畝氏の自筆手記（複製）

給の真意は、こう話していたという。

「何よりも大切なのは人の命だから、助けることにしたんだよ。人道、博愛精神とはそういうことだよ」

この時期、なぜ手記を書き残そうと考えたのか。『決断　命のビザ』など千畝に関する著作がある大正出版社長の渡辺勝正(79)は、千畝が遺した資料の中にあった正誤表に理由を見いだす。

メモ用紙代わりの百貨店のチラシの裏に、自身に関し評論家が月刊誌に書いた記事への反論が記されていた。

誤　杉原は本省にきかず入国査証を濫発《らんぱつ》した（237P中段）

正　職を賭しての査証処置。二回請訓（＝本省に伺いを立てること）チラシの発行日から、79年ごろの記述とみられる。「墓場まで持っていくつもりが、『このままでは何を書かれるか分からない。後世に正しく事実を伝えたい』という思いだったのだろう」

今回、世界の記憶（世界記憶遺産）に登録申請する史料は、パスポート、ビザリストなどの外務省文書、手記の計66点（後に手記2点を取り下げ）。中でも手記は、ビザ発給の動機を明確に示す。

杉原千畝記念館（八百津町）の国枝大索館長（57）は力を込める。「私たちが一番訴えたい人道的な心情が手記にはある。子どもたちに伝える意味からも、記憶遺産にふさわしい」

杉原千畝自筆手記は、78年の原稿用紙1枚のものと82年の同49枚の「決断　外交官秘話」がある。前者はビザ発給時の心情、後者は「岐阜県加茂郡八百津町の名古屋税務監督局の官史の家に生まれた」とある出生から外交官になるまでの経歴のほか、リトアニアの領事館に集まったユダヤ難民や発給時の状況を詳細につづっている。

リストに刻んだ「命」

歳月を経て黄ばんだ32枚のリスト。眺めていたユダヤ人男性が、タイプ打ちされた299番の項目に目を凝らした。

「この名前は私の父です。これは叔父、これはいとこ……」。しばし絶句している。

男性は、米シカゴ近郊のイリノイ・ホロコースト博物館の教育委員長として来日したリチャード・サロモン。2009年、外務省外交史料館（東京都港区）の館長室で、「杉原ビザリスト」に向き合った。

「スギハラがいたから私たち一家がいるのです」と涙を浮かべるサロモン。リトアニアに残ったユダヤ人は独軍の侵攻後、ゲットー（ユダヤ人の強制居住地区）を経て収容所送り、もしくは虐殺の憂き目に遭っており、その言葉に誇張はない。

同席した同館課長補佐の白石仁章《まさあき》（52）は、このエピソードを自著『諜報の天才 杉原千畝』に描いた。「記載された一人一人にドラマがある」とリストの重みを感じずにはいられな

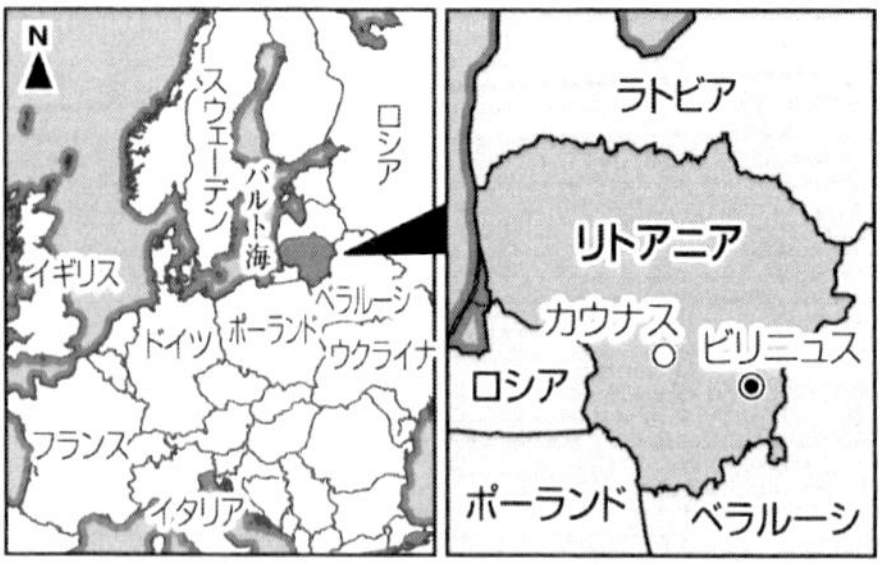

かった。

第2次世界大戦でユダヤ人は、ホロコースト（大量虐殺）という辛苦を味わった。その前段の迫害から逃れる様子が、杉原千畝の手記にも記されている。

「ナチス・ドイツ軍による逮捕、虐殺の難を逃れ、（中略）鉄道線路伝いに痛む足を引きずりつつ、あるものは運よく行きずりの荷馬車を借りつないで大移動を続け、かろうじてここカウナスに辿《たど》り着いた」（「決断　外交官秘話」）

千畝がいた当時、リトアニアには、独ソの侵攻で隣国ポーランドから大量のユダヤ難民がなだれ込んできた。逃れたその先でも、ソ連のかいらい政権ができつつあった。

逃げ場の無い欧州から脱出を図ろうと、日本領事館を取り囲む難民たち。1940年7月9日に始まるリストは、1日1～5件だった日本通過ビザの発給数が急に跳ね上がり、29日には3桁に達する様子がひと目で分かる。千畝手記は、同日が大量の通過ビザ発給を決めた「決断の日」としている。

妻幸子の著作『六千人の命のビザ』には、発給時の様子が描写されている。「夫が表に出て、鉄柵越しに『ビザを発給する』と告げた時、人々の表情には電気が走ったような衝撃がうかがえました」

抱き合いキスする人、天に向かって手を広げ感謝の祈りを捧《ささ》げる人、子どもを抱き上げて喜ぶ母親……。リスト記載の2140通分の生の喜びの姿だ。

同リストには、杉原千畝記念館（八百津町）に寄贈されたパスポートの受給者アレキサンダー・ハフトゥカ（459番）、ビザ発給の交渉役の一人で後にイスラエルの宗教相を務めたゾラフ・バルハフティク（455、1946番）の名も残る。

白石は外交史料館に勤め始めて間もない26年前、幸子の著作を読んで、初めて千畝の功績を知った。「こんな偉大な先輩がいたのか」。驚き、やがて研究にのめり込んだ。

リストの記述は、前後の外交電報、幸子の手記やユダヤ難民の証言とも符合する。「杉原さんがリトアニアでやった全体像を明らかにしている。今回の申請資料の中心的役割を果たすのではないか」と位置付けている。

同リストは、1941年2月28日、外務省の求めに応じ、在プラハ総領事館に異動した千畝から同省へ送られた。40年7月9日から8月31日の間、リトアニアの領事館で発給した日本通過ビザの2140通分の国籍、氏名、発給日、査証料が通し番号とともに記載されており、同省外交史料館が所蔵している。

命のビザ、収集奔走

米シカゴ中心部にある高層ビル内のオフィス。壁一面にレーガンやクリントンら歴代大統領をはじめとした数々の著名人と、オフィスのあるじとのツーショット写真が飾られていた。その中で1枚だけ、デスクからいつでも見られるように本棚に立てかけられている写真がある。優しいほほ笑みをたたえた在りし日の杉原千畝を捉えた1枚だ。

あるじはレオ・メラメド(84)。シカゴの金融先物市場を創設し「金融先物の父」と呼ばれる世界の金融界の重鎮。千畝の「命のビザ」で救われた多くのユダヤ人の中で、最も著名な人物の一人だ。

レオ・メラメドさん（右から２人目）のオフィスを訪ねた杉原千弘さん（右）、まどかさんと金子政則町長（左）

２０１６年5月6日、杉原の孫杉原千弘とまどか、赤塚の後八百津町長になった金子政則（65）らがこのオフィスにいた。目的は一つ、メラメドが所有するビザを町が国連教育科学文化機関（ユネスコ）の「世界の記憶」（世界記憶遺産）に申請するビザに含める承諾を得ること。多忙なメラメドとの事前交渉は難航したが、「千畝の孫なら」と面談の了承を得て、4月27日に急きょ訪米が決まった。

「千畝の功績の価値を分かりやすく伝えるために、どうしても申請するビザに入れたい」。そんな思い一心での訪問。許された時間はたった20分だった。

3人を迎えたメラメドは終始穏やかな表情を見せ、「スギハラさんのことであればできる限りの協力を約束する」。その場で自らのビザを世界の記憶に申請する承諾書にサインした。

「私は父と敦賀港に上陸した。これで生きていけると思った。日本に行く機会があれば、ぜひ八百津を訪れたい」。メラメドはかの日を懐かしむように3人に笑顔を見せた。

5月5～12日の訪米はメラメドとの面談が最大の目的だったが、元司法省公民権局法務次官補で弁護士のネイサン・ルーインら、ビザに救われた多くの人と出会った。ニューヨークのユダヤ遺産博物館やワシントンのホロコースト記念博物館なども駆け足で訪問。各館の所有するビザの申請の承諾を得て回った。

同遺産登録推進協議会委員長の林原行雄の幅広い、つても大きかった。ユダヤのネットワークで3人の訪米を聞きつけ、駆け付けてきた男性も。11日にはその日の午前中に約束が取れたばかりのＹＩＶＯユダヤ調査研究所（ニューヨーク）も訪れ、2通のビザの承諾を得た。

結局、現地滞在6日間で得たビザは、当初予定を大きく上回る27通。19日に申請したビザ47通の半数以上を確保していた。「空港で帰りの搭乗手続きを終えるまで自由時間は無かった」。金子は苦笑いしながら振り返るが、成果は大きかった。

「千畝を記憶遺産にという八百津町民の思いが伝わった」

金子にとっては、千畝の功績の価値を再確認した8日間だった。

ビザの総数は「杉原ビザリスト」に掲載されているだけで2140通（一部重複を含む）。リストに掲載されていないビザや、後に署名のスタンプを使って偽造されたものもあるとみられる。八百津町が所有しているのは1通。当初はこの1通のみを申請し、ほかのビザは参考資料とする方針だったが、国内選考委員会の指摘で、世界に散在するビザと所有者の承諾を得て47通を一括で申請した。

生きた証し、各地に

満席の聴衆の中にいた老紳士は、セルロイドの板に挟んだ小さな写真を大事そうに携えていた。

村井衡平さんの父禄楼さん（右）の事務所付近で撮影されたユダヤ人夫婦の写真。裏に1941年3月24日の日付がある

中央に写る外国人は、75年前に神戸市へやってきたユダヤ人の夫婦。スーツ姿のきちんとした身なりで、夫は弁護士を名乗った。

「英語の看板を見て父の事務所を訪ねてきてね。書庫代わりの家を1カ月間貸した」と神戸学院大名誉教授の村井衡平《こうへい》（90）は記憶をたどる。自身は左端の詰め襟姿。「私は2人の布団を運んだんや」

2016年3月、神戸港近くで八百津町が開いた杉原千畝のシンポジウムを聞きに訪れた際、父禄楼《ろくろう》（故人）のアルバムから秘蔵の1枚をはがしてきた。

裏書きから、女性はイレナ・ツァウベ

ルマン、男性はアルフレッド・ツァゥベルマンとみられる。杉原ビザリストの78、79番に同名の記載があり、ビザは千畝がまさに〝決断の日〟と手記に書いた１９４０年７月29日に発給されている。

リストの国籍はポーランドで、「ドイツ語のできたいとこが、（独ソに侵攻された）ポーランドの状況を聞いて憤っていた」という村井の証言とも一致している。

杉原ビザを得たユダヤ人は、福井県の敦賀港を経て神戸に集まった。ユダヤ教会堂「シナゴーグ」や同胞の救済委員会、そして上海などに通じる港があったためとみられる。

ホテルは満杯となり、一軒の家に複数家族が住んだり、部屋を間借りしながら渡航先への船を待った。禄楼が弁護士事務所を開いていた中央区山本通の近所には神戸ユダヤ協会があり、同じ職業の難民に同情を寄せたのは想像に難くない。

「父はお金を取らなかったはず。杉原さんのように、『困った人を助けるのは当たり前』と貸したのだろう」。写真裏の「ｇｒａｔｉｔｕｄｅ」（謝意）の文字が、厚情への礼をうかがわせる。

杉原の決断で逃れてきたユダヤ難民は、日本に着いてからも、こうした無数の市民の善意に支えられた。一方で、神戸は大規模な空襲で官庁の資料を焼かれており、数千人とされる滞在の正確な数など詳細は明らかになっていない。

市史にも記述が無いため、市は2016年1月、市民に情報提供を呼び掛けた。これまでに村井の写真を含む50件が集まったほか、兵庫県作成のユダヤ人滞在者リストが外交史料館に現存することが、シンポを機に八百津町から伝えられている。

ユダヤ難民は、欧州の玄関口だった敦賀港や北米航路があった横浜港にも足跡を残す。16年2、3月に八百津町が横浜と神戸でシンポを開いたのは、「世界の記憶」の街を目指す意識を共有してもらうためだった。

杉原千畝記念館の国枝大索館長は「ゆかりの街はすべて『記憶遺産の当事者』。連携して史実の発掘が進めばいい」と期待している。

1940年7~8月にリトアニアで日本通過ビザを得たユダヤ難民は、シベリア鉄道でウラジオストクまで移動し、船で敦賀港(福井県)に上陸した。行き先国の入国許可や旅費といった渡航条件が整った初期の難民は主に横浜港、条件を満たさないその後の難民はコミュニティーがあった神戸市を経て北米や上海、オーストラリアなどに逃れた。

第２章　立志

ハルビン学院を収めた絵はがき（馬場久孝さん提供）

愛した故郷、八百津

岐阜県加茂郡八百津町の中心部の町役場から車で山の中を走ること15分。標高が高く、夏場は猛暑でも少しひんやりと感じ、冬場は町の中心部に雪がなくても雪が積もる。杉原千畝は、ここ北山地区にある母やつの実家で、税務署員だった父好水の次男として生まれたと伝わる。やつの実家は、急傾斜の坂を登ったところにあった。現在もやつの兄の孫の岩井錠衛（89）が住むその場所からは、傾斜が厳しくても農業をするために作られた棚田で風に揺られる青々とした稲が見られる。好水も北山地区の出身といわれ、自らの出身地の畝が続くこの風景から「千畝」という名前がつけられたとされる。

千畝の故郷に対する思いは強く、戦後になってからもこの生家には何度となく訪れている。岩井も「何回か家に来て話していった」と懐かしそうに笑顔で振り返る。

「（千畝は）八百津が好きで、八百津に帰って死にたいと生前話していた」

千畝の妻の故幸子も1986年に千畝が亡くなった後、町内に杉原千畝記念館がオープ

八百津町の北山地区に広がる棚田。杉原千畝氏の名前の由来になったともいわれる（小型無人機より）

ンした2000年にテレビ局のインタビューにそう答えている。

また千畝は国連教育科学文化機関（ユネスコ）「世界の記憶」（世界記憶遺産）に八百津町が申請している自筆の手記にも「八百津町の名古屋税務監督局の官吏の家に生れた」と記す。

だが、実は千畝の戸籍には出生地の欄に「武儀郡上有知町八百九拾番戸」（現在の美濃市東市場町）と書かれている。千畝が生まれた当時、好水は同所に今もある教泉寺に下宿し、寺の隣にあった上有知税務署に勤めていた。寺の近くには「千畝町」という地名もあり、命名する際の参考にしたとも推測される。

好水が自分が住んでいた場所を出生地として記しただけなのか、やつも一緒に下宿させていて、千畝がそこで生まれたのかは研究が進んでいない。このため現段階では八百津町で生まれたのか、美濃市で生まれたのか結論を下すことはできない。

というのも千畝は戸籍では１９００年1月1日生まれだが、長男の妻の美智ら遺族は「本当は前年の12月25日ごろに生まれたのを、縁起が良い日にするために元日にした」と千畝が話していたのを聞いているという。当時はよくあった話で、現在のように制度が確立しておらず、戸籍に書かれていることがそのまま確実な証拠にはならないからだ。

ただ言えるのは、千畝が自分の〝出身地〟だと思っていた場所は八百津町だということだろう。

中津川に残る学籍

黄ばんだ表紙の児童名簿を手にすると、父の存在を確かめるように「杉原千畝」と書かれた筆文字を指でなぞった。

2016年7月11日、千畝の四男伸生《のぶき》(67)が、中山道に近い中津川市昭和町の南小学校を訪れた。父の足跡をたどるため、宝石商として暮らすベルギーから一時帰国したのだった。

千畝の生前の姿を思わせる風貌の伸生を前に、歓迎行事に臨んだ約50人の児童は緊張気味。「僕のひいおじいさんは、杉原千畝さんの同級生でした」と児童の代表があいさつすると、伸生は「父は信じたことを貫く人だった。皆さんも自分の思うことを貫いてください」と応じた。

千畝は同校の前身、中津尋常高等小学校の1907(明治40)年3月25日付の名簿に名を残す。税務署員だった父好水の異動に伴って転校を繰り返しており、中津小は前年の新入学から1年間在籍した。成績は算術を除き、すべて「甲」だった。

100年以上前の名簿や履歴を記した学籍簿が残っていたのには、理由がある。

終戦後、連合国軍総司令部(GHQ)が中津川に来るとの情報を聞いた教師たちが、川上《かおれ》分校に学校文書を隠し、保管したためと伝わる。それを南校史編纂《へんさん》室の退職教諭らが

杉原千畝氏の名が記された中津尋常高等小学校の「修業児童名簿」

整理し、10年ほど前に名簿の中から千畝の名を探し出した。

「残された文書には、明治初期にどうやって学校をつくり上げていったかが分かる調書などが含まれ、研究者の利用も多い」と市中山道歴史資料館の安藤嘉之館長（60）。

安藤によれば、江戸と京都を結ぶ中山道と飛騨に向かう南北街道の結節点として栄えた中津川は、参勤交代の終了で明治に入って往来が激減、疲弊した。

だが、中央線開通（02年）で08年に中央製紙が操業を始め、県内最大の製糸工場だった勝野製糸も同時期に生産を伸ばす。南小の源流である１８７２年開校の時習館と後の興風義校の卒業生たちが、発展のけん引役になったという。

「千畝さんがいたころは、中津川が元気を取り戻した時期だった」

１４３年の歴史を刻む南小は２００６年、当時校長の森勲（68）が偉人コーナーを設け、千畝の顕彰を始めた。OBの日本画家前田青邨《せいそん》とともに写真パネルで紹介している。

「コーナーを作ったら、千畝さんの本で読書感想文を書いてくれた子もいた」と喜ぶ森は「中津川にもいた身近な人と感じ、人道の心を見習ってほしい」と願っている。

千畝は2年生から三重県桑名町（現在の桑名市）に移り、1912年に名古屋市立古渡尋常小学校（現在の平和小学校）を卒業している。

「自由」貫いた母校

「皆さん。これから、日本通過ビザを発給します！」。舞台俳優上田定行(56)の力強い声が、満席のホールに響いた。

2016年3月、名古屋市中区栄の宗次《むねつぐ》ホールで開かれた「命のビザコンサート」。クラシックと語りで杉原千畝の生涯を紹介した。

企画した総括支配人野間晴久(62)は「千畝さんは名古屋に10年近くいた。ゆかりの偉人を知ってもらいたかった」と話す。チケットは発売早々に300席が完売する人気だった。

同ホールは、カレーチェーン店「CoCo壱番屋」を創業した宗次徳二が07年に開設した。支配人は同社の黎明《れいめい》期から融資で支えた縁で、岐阜信用金庫から受け入れており、野間は出向時代を含め8年前からホールを任されている。

本部融資部で審査役をしていたころは、「恥ずかしながら千畝さんを知らなかった」という。コンサートを企画するようになって世情に敏感になり、テレビの特集に着目。上田さんに脚本を依頼した。

1年かけた準備の中で、千畝の母校瑞陵高校（当時の愛知県立第五中学校）を訪ねた。「古い建物や残された資料、同窓会組織に伝統を感じた。OBも誇りでしょうね」

その瑞陵高は熱田神宮の約2キロ東、瑞穂区の住宅街にある。千畝は名古屋市立古渡尋常小学校を卒業し、1912年に入学した。

「運動場の周囲一杯に作られた尾張大根」と千畝が書き残したように、当時はのどかな風景の中にあり、「ダイコン中」とやゆされたことも。だが、学力は当時から同県内トップクラス。ライバルの一中（現在の旭丘高校）に比べると、のんびりとした自由な雰囲気

愛知県立第五中学校（現瑞陵高校）在学当時の杉原千畝氏
（中段右から２人目）

だったという。

元教頭で同窓会「瑞陵会」の事務局を務める森重統《しげのり》（66）は「後の戦時中、生徒を予科練などに行かせず、敵性語になった英語もしっかり学ばせたと聞く。千畝さんの枠にとらわれない判断は、こうした校風で養われたのかもしれない」

百周年記念誌によれば、35年に都内で開かれたOB会で作家の江戸川乱歩（1回卒）と千畝（6回卒）が同席。深夜まで続いた語らいで、「事なかれ主義を排し、熱と押しが必要」と1回卒の医師が訴えたという記述からも、独自の気風がうかがえる。

瑞陵高は、杉原ウイークに合わせた八百

瑞陵高校にある講堂「感喜堂」（1924年建築）を前にする森重統さん（名古屋市瑞穂区）

津町の短歌大会への応募や、ゆかりの地を訪れる事業を続ける。愛知県が2015年12月、校内に記念建造物建設の検討を表明し、名古屋市も平和小から同高までの通学路4～5キロを「人道の道」として銘板設置を準備するなど、顕彰は広がりを見せている。

今も非常勤で歴史を教える森は「戦時色が強まる中で良心に従って生きたのは大変なことだったろう」と推し量る。その上で、「実際の社会では、良心を貫きたいと思ってもなかなかできない。千畝さんを通し、生徒たちがそういう判断をできるきっかけ作りができればいい」と考えている。

早大に根付いた魂

都の西北、早稲田大学。早稲田キャンパスの中心部に、学生を見守る大隈重信の銅像がある。権力や時勢によらない自主独立を掲げた創立者。早大で1年半を過ごした杉原千畝は、銅像の奥にある顕彰碑に、建学の精神を象徴する言葉を残している。

「外交官としてではなく、人間として当然の正しい決断をした」

中学を卒業した千畝は、京城（現在のソウル）にいた父好水から現地の医学専門学校への進学を勧められる。ところが医師になる気はない。試験に白紙の答案を出した千畝に好水は激怒。勘当同然で日本に戻り、1918年に早大高等師範部（現教育学部）英語科に入学する。

米騒動やシベリア出兵で経済が混乱した時代。親の意に背き、仕送りのなかった千畝は、休日返上のアルバイトで生計を立てた。

研究社が20年に発刊した『受験と学生』4月号に千畝が手記を寄せている。「破れた紋

杉原千畝氏の顕彰碑を前にする千畝ブリッジングプロジェクトの福本大希代表（左端）らメンバー（早稲田大学）

付羽織にノート二、三冊を懐にねじ込んで、ペンを帽子に挟んで豪傑然と肩で風を切って歩くのが何よりの愉快」。苦学の日々を笑い飛ばす千畝のユーモアを感じさせる。

２年生のある日、官費留学生の募集告知が千畝の目に留まる。学費支給で外国語を学び、後に外交官になれる願ってもない制度。わずか１カ月後の試験を突破し、千畝はロシア語留学を決めた。反骨に満ちた校風にあって、官費留学は苦い決断だったが、後に多くの人の命を救う千畝の大きな転機となった。

千畝の行いに、人生の契機を見いだし

た若者もいる。名誉回復から5年後の2005年。妻幸子（故人）の元へ1通の手紙が届いた。差出人は徳島県の10歳の少年。テレビで知った千畝への憧れが素直な言葉でつづられていた。90歳を超す幸子に代わり、長男弘樹の妻美智が返信。「千畝のような立派な大人になり、人のために何ができるか考えて」

手紙を出した少年、福本大希は14年、早大に入学。新入生でただ1人、千畝を顕彰するサークル「千畝ブリッジングプロジェクト」に入った。「あの手紙が人生の指針になった」。21歳の今、サークルの代表として、千畝の研究、発信に努めている。

16年春、卒業式で送辞に立った早大総長の鎌田薫は「大きなリスクを冒《おか》しながら自らの信念に従って果敢に行動した」と千畝をたたえた。その千畝の思いを刻んだ顕彰碑は設置から5年が過ぎ、いま碑文の前に立つ学生はほとんどいない。それでも「千畝の名を知らない早大生はいない」と福本は確信する。「名前だけでなく、功績や歴史的な意義をもっと伝えていく」。メンバーとともに顕彰碑に誓った。

ハルビン学院の教え

1919年7月、杉原千畝が臨んだ外務省の留学生採用試験の英会話で、岐阜にまつわる質問が飛び出した。

面接官　お国はどこ？
杉原　岐阜県
面接官　名物は？
杉原　柿とちょうちんと長良川の鮎
面接官　ああそうですか、人物は？
杉原　下田歌子（恵那郡岩村出身の歌人で実践女学校創設者）及大島大将（同岩村出身の元陸相大島健一中将か）、古くは木曾義仲

体験を寄稿した『受験と学生』からは「突っ込まれて、目をパチパチさせた」と思わぬ質問に困惑した様子もうかがえるが、無事合格を果たした。

志望のスペイン語は採用枠が足らず、勧められてロシア語専攻に。ロシア革命やシベリア出兵で対ソ戦略が急がれた時期。出兵が続くソ連に代わり、ロシア人が多い満州(現在の中国東北部)に渡った。19歳の時だ。

到着早々、ロシア人家族と同居を始め、すぐに日常会話を覚える。聴講生として、ロシア語の専門学校「日露協会学校」(後のハルビン学院)に通い、後に講師も務めた。

「ハルビンはロシア人が造ったエキゾチックな街でね。中国人、モンゴル人、いろいろな民族がいた」と千畝の約20年後、同学院に在籍した岐阜市の山本襄《のぼる》(92)は懐かしむ。「レストランで覚えたてのロシア語を試すと、『あなたのロシア語分からない』と日本語で返された」と苦笑いした。

在住のロシア人は革命から逃れた、いわゆる「白系」が多く、日本人とは円満だった。「教員の中には奥さんをもらう人もいたよ」。千畝もまた24年ごろ、ロシア人のクラウディアと最初の結婚をしている。

当時山本は満州国治安部で、ひそかに封書を開ける検閲などの公安業務に従事していた。次長の渋谷三郎が43年、学院長に就くにあたり、ハルビン学院に引っ張られる。渋谷は二・二六事件で東京の連隊長を更迭され、満州に来ていた。

昼間は学院の用度庫を管理し、夜間部にあたる特修科に通った。本科と違い、警察官など仕事を持つ人が多かったという。

もともと、同校は満鉄初代総裁や東京市長を務めた後藤新平が、日露をつなぐ人材育成を目的に20年に創設した。「人のおせわにならぬやう　人のお世話をするやう　そしてむくいをもとめぬやう」という「自治三訣《けつ》」が理念を示す。

後藤の直筆で講堂に掲げられたその校訓は、「命のビザ」でユダヤ人を救いながら、胸にしまって生きた千畝の姿を想起させる。ハルビン学院連絡所（東京）の宮明正紀（76）は「その言葉を支えに、あるいは従って後の生活を送った卒業生は多い気がする」と話す。

ただ、ソ連からはスパイ学校とにらまれ、卒業生のうち57人が戦後、8年以上の長期抑留を強いられた。実際、山本も修了後に日本語教員の名目で赴いた内モンゴルで、現地人にカメラを渡した潜入工作を試みたという。

軍部の要求が高まり、校風も変容していったのか。山本は「自治三訣？ 70年も前のことだからね……」と首をひねった。

満州で示した手腕

スクリーンに映る「祖父」は、満州国外交部を去る杉原千畝を見送っていた。2015年末、映画「杉原千畝 スギハラチウネ」を見に行った大垣市の大江敬子（67）は、当時外交部次長の大橋忠一《ちゅういち》（1893～1976年）を演じる石橋凌を通し、亡き祖父の満州時代を初めて知った。

「ああ、こんなつながりがあったのか」

大橋は羽栗郡小熊村（現在の羽島市）の出身。岐阜中、東京帝大を経て外交官試験に合格し、松岡洋右《ようすけ》の外相時代には外務次官を務めている。

めいで戸籍上は妹の千代子(85)は、「1939年の養母の葬式の時は、満州国の総理とか偉い人から花輪がいっぱい届いて驚いた。道路まではみ出して並んでいた」と当時の権勢を振り返る。

関東軍の謀略による満州事変を経て32年、中国東北部にかいらい国家の満州国ができると、大橋はハルビン総領事から同国外交部に転出した。次長職は実質のトップ。その際、同総領事館にいた千畝を連れて行った。

『大橋忠一関係文書』を2014年に編集した広島大学文書館館長の小池聖一(55)は「大橋さんは豪放らい落に見えるが、酒も飲まず『同郷のよしみだから』ということはしない人だった」と手腕を見込んだ登用とみる。

実際、1924年に外務省に採用された千畝は、翌年ハルビンに着任すると、わずかな期間で600ページ超の「ソヴィエト連邦国民経済大観」を書き上げ、ソ連通として頭角を現していた。

譲渡交渉時の中国東北部

大橋の下で千畝が取り組んだのが、北満鉄道譲渡交渉だった。ソ連と中国の共同経営だった同鉄道の

大橋忠一氏（大江敬子さん提供）

売却提案がソ連側からあり、33年に交渉が始まった。

ソ連側が最初に示した譲渡価格は6億2500万円で、当時の日本の国家予算の4分の1に近い。千畝はレールの老朽化やソ連側による貨車運び出しの実態を調べ上げ、1億4千万円での決着に結び付けた。

だが、大手柄にもかかわらず、2年に及んだ交渉が終わった35年、外交部を辞め、外務省に戻ってしまう。後の手記には、理由をこう記した。

「驕慢《きょうまん》、無責任、出世主義、一匹狼《おおかみ》の年若い職業軍人の充満する満州国への出向三年の宮仕えが、ホトホト嫌になって」

それだけではない。諜報《ちょうほう》能力に目を付けた関東軍が、スパイになるよう迫ってきた。「一切拒否した」という晩年のメモには、軍部と一線を画した強い反骨心がにじむ。

北満鉄道譲渡交渉の調印式とみられる写真。手前右端が大橋忠一、中央は広田弘毅外相（大江敬子さん提供）

大橋は満州事変の勃発時、ハルビンへの出兵を要請し「関東軍の同調者」とも言われた。だが、北満鉄道では「取ってしまえ」などの軍の一部の主張を抑え、交渉で解決した。

外務省外交史料館の白石仁章は「軍のお先棒担ぎなら、他にも手はあった。杉原さんに話し合いをさせた点は、やはり外交官だった」と分析する。

その大橋は戦後の手記『太平洋戦争由来記』の序文に満州国への反省をつづった。

「いかに貧乏でも人の物を取るのは悪い。日本が満州事件を謀略的に起こしたことは悪かった。満州を独立国の名に於て占領したことはなお悪かった」

救出に尽力、樋口元中将

紙箱に収められた古いモノクロ写真。帽子を手に、サーベルを提げて参道を歩く一人の軍人が写っていた。

訪れた写真館で、ふと目にした大垣市文化事業団事業課長の鈴木隆雄（57）はくぎ付けになった。「樋口季一郎じゃないか！」

樋口（1888～1970年）は元陸軍中将。大垣藩の弓道師範の流れをくむ樋口家の養子に入った縁があり、鈴木は地元に残る史料を探したことがあったが、本人はほとんど大垣に住んでおらず、写真は未発見だった。

撮影は河野写真館（大垣市郭町東）の2代目河野清（故人）で、場所は近くの濃飛護国神社（旧招魂社）。カメラの購入年から1937年以降とみられる。

跡を継いだ正匡《まさただ》（86）は「父は焼失前の大垣城や兵士の出征などの写真も多く残した。

参拝を終えて参道を歩く樋口季一郎氏（中央）。左端は当時の星野清之宮司（河野正匡さん提供）

樋口季一郎氏（樋口隆一さん提供）

樋口さんが立ち寄った際、記録として撮ったのだろう」

その樋口は満州国のハルビン特務機関長時代、ソ連国境に集まった多くのユダヤ難民の救出に尽力した。杉原千畝が「命のビザ」を発給する2年前、38年3月のことだ。まだ厳寒の満ソ国境のソ連側、オトポール駅にナチスの迫害から逃れた大勢のユダヤ人が降り立ち、野宿を余儀なくされていた。

ビザは無く、満州国は日本と防共協定を結んだドイツへの配慮から入国を認めなかった。樋口は同国外交部の担当者を呼び、「満州国は独立国家である。何も関東軍に気兼ねすることはない。ましてドイツの属国でもない。（中略）事は人道問題である」（『アッツキスカ軍司令官の回想録』解説文）と説得したという。

南満州鉄道総裁の松岡洋右にも掛け合い、国境の駅の満州里から約900キロ離れたハルビンに向けた特別列車を走らせた。満州を抜けて上海に逃れるルートは後も続き、救われた総数は諸説あるものの数百から数千人規模とみられている。

なぜユダヤ人に手を差し伸べたのか。樋口の孫で明治学院大名誉教授の隆一（70）によれば、陸軍大学校卒業間もない若いころ、派遣先のウラジオストクでユダヤ人の家に住み、夜ごと一緒に酒を飲んだりトランプを楽しんだりした。武官として赴いたポーランドでは迫害を目の当たりに。「他人の事と思えなかったのだろう」

季一郎は回想録の中で、「人道的公憤」に加え、ユダヤによる日露戦争時の資金協力、極東で狙う関係緊密化を理由に挙げる。

オトポール事件後の38年12月、首相らで構成する五相会議は渡来するユダヤ人を排斥せず、他の外国人と同様、法規に従って扱うよう定めた「ユダヤ人対策要綱」を決定。対米関係をにらみ、友好国のドイツとも一線を画したのだった。

ユダヤ人を救った樋口と杉原に接点はない。だが、隆一は「現場に居合わせた人は、それは助けたいと思うだろう。国の方針はどうあれ、2人は本音で動き、誠実に働いた」と祖父と千畝の心中を推し量った。

その上で、「シベリア経由で助けることができるというルートを開き、杉原さんの前に環境づくりをしたのは祖父ではないか」と考えている。

第３章　リトアニア

通りの反対側から見た杉原記念館
（リトアニア・カウナス）

独軍が侵攻、迫害

旧共産圏の面影を残すトロリーバスが行き交う、リトアニアの首都ビリニュス。10月下旬にもかかわらず、朝は氷点近くまで冷え込み、黄色い落ち葉が広場を覆っていた。通りに面したユダヤ人団体のレンガ造りの建物にトビヤス・ヤフェタス（86）を訪ねた。

トビヤス・ヤフェタスさん

9割以上のユダヤ人が虐殺されたといわれる同国で、戦時下を生き延びた一人だ。

「スギハラさんをご存じなのですね。うれしいことです」。そう言うと厚いレンズの眼鏡を外し、戦前から独ソによる占領時代に至る記憶を語り始めた。

「ある時、父親が言った。『もうリトアニアには居られない。一方からソ連が、もう一方からはナチスが迫って来ている』とね」

1938年、そう言うと英国製服地を扱っていた父は、カウナスからロンドンに渡った。翌年、9歳のヤフェタスも後を追うが、情勢が不安定なのは英国も同じだった。やむなく、母、いとこと3人でカウナスに戻った直後の39年9月1日、隣国ポーランドへドイツ軍が侵攻する。第2次世界大戦が始まった。

戦火が及んでいなかった中立のリトアニアには、迫害を逃れたユダヤ難民が次々とやって来た。「家にも逃げてきたユダヤ人夫婦がいた。私たちは2階、夫婦は1階に。名前も職業も覚えていないが……」

当時カウナスの人口は10万人余。3分の1をユダヤ系が占めた。着の身着のままの数千人の同胞のため、救済委員会ができた。寄付を募り、自宅に難民を招いて食事を振る舞った家もあった。

杉原千畝が領事代理として臨時首都カウナスに赴任したのは、ちょうどこの時期。開戦の4日前に当たる。日本人がいない国で、独ソの動きを探るのが目的だった。

同じくカウナスにいたビリニュス在住のイレーナ・ベイサイテ(88)は開戦の日、郊外

旧市街の街並み（リトアニア・ビリニュス）

の飛行場からスウェーデンへの脱出を試みている。だが、ワルシャワ発の飛行機は到着せず、家に引き返した。

ソ連軍が入ってきて財産を没収されると、転居したアパートでユダヤ難民と一緒になった。台所や浴室は共用。だから、「私たちはポーランドで何が起きているかを知っていた」。このころ、千畝がビザを発給しているという話を聞いたという。

ポーランドでは、ホロコースト（ユダヤ人の大量虐殺）に先駆けて、住民の殺害や家屋の接収などが始まっていたが、「多くの人たちは、第1次大戦の時のドイツ軍は文明的な振る舞いをしたと（蛮行を）信じなかった」とベイサイテは振り返る。

40年7月、千畝は日本通過ビザの発給を始める。ヤフェタス家にいた難民夫婦は、このビザを得て国外に逃れることができた。

「外務省の意向に構わず、人々を助けようとしたことは、本当に喜ばしいことだ」とヤフェタス。だが、カウナスに残ったユダヤ人にとっては、千畝が去ってからが苦難の始まりだった。

生きる希望なくす

石畳が続く旧市街で、当時11歳のイレーナ・ベイサイテは聖母マリアのイコンが祭られた「夜明けの門」をくぐった。白い巨大な柱の大聖堂を訪れると、彫像が青空の下で輝いて見えた。

1939年10月、ポーランドが分割され、同国に約20年間占領されていた首都ビリニュスがリトアニアに返ってきた。ベイサイテはカウナス出身のユダヤ人。さっそく母親に連れられて見物に訪れた。

「ついに本来の首都を見ることができた」。隣国で戦争が始まったにも関わらず、リトアニアには、つかの間の平和があったのだ。

だが、独ソは同年9月の秘密協定で、同国の大部分をソ連の支配下に置くことで合意していた。翌40年7月14、15日のリトアニア人民議会選挙は反体制派を排除して行われ、併合を確実にする。ソ連が軍を進駐させ、政府高官らを次々に逮捕した上での出来レースだった。

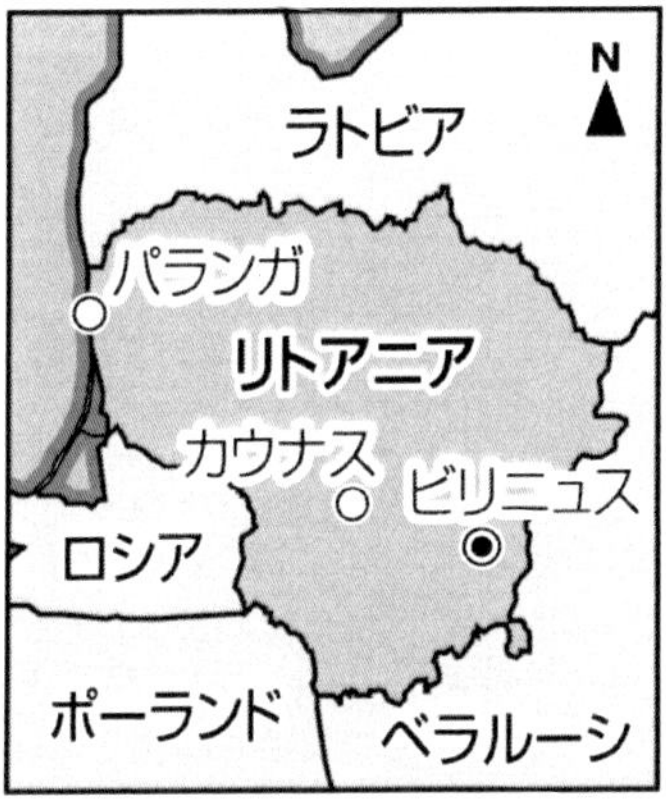

杉原千畝は同月28日付の外務省への電文で「共産党工作ノ急速度ニ進展シタル影ニハ『ゲペウ』(ソ連の秘密警察)ノ仮借ナキ其電撃的『テロ』工作行ハレタル」と断じている。

一部のユダヤ人は、花を持ってソ連の戦車を歓迎した。ヒトラーを恐れ、あるいは共産主義思想を信じてのことだった。国内に20万人以上いたユダヤ人

イレーナ・ベイサイテさん

にとって、公民権を剥奪するニュルンベルク法（35年制定）を持ち、欧州各地で迫害を進めるナチス・ドイツの方が、身に迫る脅威だったのだ。

だが、ベイサイテは「私たちは、占領されたという思いだった」と振り返る。「私の母は、占領が何も良いことをもたらさないことを察知していた。スターリンに幻想を抱いてはいなかった」

ユダヤ難民がカウナスの日本領事館を取り囲みだしたのは、この選挙の数日後のこと。首都返還に乗じてポーランドから逃げ込んだ、1万人とも1万5千人ともいわれる人たちの一部だった。ソ連に組み込まれれば、国外に脱出できなくなる事態が迫っていた。

この時期、リトアニアでは、企業や土地の国有化、財産没収、預金凍結、聖職者の追放など一気にソビエト化が進んでいる。

「政策に一致しない政党、宗教関係者らは民族に関係なく、みんな捕まっていった」。翌41年６月には、大勢の市民が夜中にトラックに乗せられ、貨車でシベリアに送られる大追放があり、人々を恐怖に陥れた。

そして同月22日、そのソ連にドイツが侵攻する。独ソ不可侵条約を破り、「バルバロッサ作戦」を開始。リトアニアにも攻め入ってきた。

ベイサイテは、母親が直前に腎臓病の手術をしたこともあり、カウナスでドイツ軍の占領を迎えた。

「ナチスが私たちに何をするかは分かっていた。もう生きる希望はなかった」

強制居住地区からの脱走

まだ午前4時ごろだった。バルト海を臨むリトアニア西部のリゾート地パランガ。合宿先で寝ていた当時11歳のユダヤ人、トビヤス・ヤフェタスは、爆弾のさく裂音でたたき起こされた。

1941年6月22日、2キロメートル先の国境から、ドイツ軍がソ連併合下のリトアニアに攻め込んできた。

子どもたちは集められ、2グループに分けられた。「人間か、人間じゃないか。生きる権利があるか、無いかだ。その日から私たちは、すべての権利を剥奪された」

女性と子どもばかり約800人が、穀物倉庫のような場所に押し込められた。日中は建物の掃除に駆り出され、夜はすし詰めで寝かされた。

10日ほどたち、リトアニア人の友達が迎えに来てくれた。「あすバスが来る。逃げなきゃいけない」。手引きによって逃げ出し、カウナスの自宅に戻ることができたが、残った

ビリアンポレ地区のゲットー跡に建てられた、ゲートのひとつを示す石碑（カウナス）

人たちは後に森で殺されたと聞いた。

同年7月、カウナスのビリアンポレ地区にゲットー（ユダヤ人の強制居住地区）が設けられる。有刺鉄線が取り囲み、作業時を除けばゲート外に出ることはできない。すでにユダヤ人は、買い物も鉄道に乗ることも、公園のベンチに座ることさえも禁じられていた。

1カ月で8千人が移住させられ、ヤフェタスもすべての家具を残して母親と自宅を後にする。与えられた木造の2階の一室は、ベッドとわずかな隙間があるだけで、仕切り代わりの布の向こうには、別の4人家族がいた。

下水道もない地区に最大3万人が集められ、その年の10月末、広場で全住民が生死の選別を受けた。「労働力にならない人が連れていかれた。小さい子どもやお年寄りが多かった」。約1万人が虐殺の地、郊外の第9要塞《ようさい》に送られていった。

家を捜索する「子ども狩り」もあった。屋根裏に積んだ草の山の中で息を潜めていると、ドアが打ち破られた。食用に飼っていたウサギが騒ぎ出し、危うく難を逃れた。

44年5月。母親の勧めでゲットーからの脱出を決意する。着用を義務付けられた「ダビデの星」を外すと、門番が小屋に入った隙に有刺鉄線を押し広げて外へ出た。見つかれば射殺される。「怖いという思いは無かった」

通りを歩く人に紛れ込み、親戚らに手引きされてビリニュスへ。リトアニア人のアパートにかくまわれて生き延びた。ゲットーに残った母親は、門番に財産を渡し、許しを得てゲートを出た直後、射殺されたという。

「どの民族にもいろんな人がいる。いい人も悪い人も。関わりたくないと思う人、自分たちの生活を危険にさらしたくない人もいる」。自らに手を差し伸べた人と同様、杉原千畝のことを「当時の状況で、できる最大限のことをしてくれた」と評価する。

戦後は教師を経て、計算機開発に従事。2016年4月まで生存者団体の代表も務めた。2人の孫、そしてひ孫にも恵まれ、「私の宝物です」と表情を和らげたヤフェタスは、繰り返し言った。「私は幸運だった」

難民の窮状を知る

コーヒーや香辛料、ドライフルーツ、高級食材などが並んでいた食料品店。イレーナ・ベイサイテは、カウナスの目抜き通り近くにあったその店を懐かしむ。

何度も通ったのは、おばのアヌーシュカが営んでいたからだ。「頭のいい、自立した女性でした」

当時、商才にたけたユダヤ人が市内に何軒か開いていた同様の商店のうちの一つ。杉原千畝はここで、ユダヤ人社会と接点を持った。

1939年12月、客として訪れた千畝は、アヌーシュカからおいのソリー・ガノールを紹介された。2015年公開の映画「杉原千畝　スギハラチウネ」では、切手をねだる少年として登場している。

彼の自伝『日本人に救われたユダヤ人の手記』によれば、店に行くと、アヌーシュカが上品な身なりの紳士と話していた。

「日本の領事閣下にごあいさつなさい。スギハラさまとおっしゃるのよ」。千畝からハヌカー（ユダヤ民族の祭り）の祝い金をもらったソリーは、お返しに自宅のパーティーに招待する。

その席で、ガノール家に父娘で身を寄せていたポーランドのユダヤ難民ローゼンブラットが、涙ながらに窮状を訴えた。爆撃で家族を亡くし、逃げ込んだ先では、いとこを射殺されたという。

耳を傾けた千畝は、求められたビザ発給は政府の方針で難しいとしながら、「一度領事館にいらっしゃい。見通しは暗いが、何かお役に立つことがないか考えてみる」と答えている。難民が領事館に詰め掛ける7カ月前のことだ。

「命のビザ」リストには、5人のローゼンブラットの名が残る。1940年7月29日と8月3日のいずれも発給を始めて間もない時期で、この父娘が含まれている可能性がある。

ユダヤ人墓地にある肖像が刻まれたアヌーシュカさんの墓石（カウナス）

一方、カウナスに残ったユダヤ人には、過酷な運命が待っていた。ベイサイテは母親を殺され、いとこのソリーと同じビリアンポレ地区のゲットーに入れられる。

ソリーは、ドイツ南部・ダッハウの補助収容所に送られるが、死の行進を経て米軍の日系人部隊に助けられて生還。ベイサイテも偽造身分証で脱出し、養母となる女性を含む複数のリトアニア人家族にかくまわれて44年7月のソ連入城まで生き延びた。

自身に手を差し伸べた人、そして千畝のことを「聖なる人たち」と表現するベイサイテ。手元にあるソリーの自伝のため書きには、こんな一文が記されていた。

「親愛なるイレーナと家族に愛を込めて。（中略）殺された私たちの身近で最愛の人たちをしのんで。後に続く世代が、この日々を忘れないように」

杉原記念館のガイド兼マネジャー、ラムーナス・ヤヌライティス（60）の案内で、カウナスにあるアヌーシュカの墓を訪れた。墓石に刻まれた生年は、くしくも千畝と同じ1900年。没年は67年で、「ゲットーに入りながらも、生き延びることができたのだろう」。ソリーの著作によれば、シュツットホフ（ポーランド）の収容所で解放を迎え、戦後はリトアニアに戻っている。

店の建物は80年代に取り壊され、現在はホテル「パークイン」に姿を変えていた。

外務省に背き発給

「窓越しに難民を見たという記述がスギハラさんの手記にある。この部屋が、夫婦と生まれたばかりの三男晴生の寝室だったのだろう」

リトアニア・カウナスに現存する旧日本領事館（杉原記念館）。館長のシモナス・ドビダビチュス（56）が、未公開の2階の一室から通りをのぞきながら説明してくれた。

旧日本領事館当時の机などが再現されている杉原記念館展示室（カウナス）

大勢のユダヤ人が領事館前に集まりだしたのは、1940年7月18日の早朝。多くは、ドイツ軍が侵攻した隣国ポーランド西部から逃れてきた。服はよれよれ。顔の汚れた子どもの姿もあった。

そのうちの1人、ワルシャワからたどり着いた弁護士ゾラフ・バルハフティクは「毎日毎日パレスチナ委員会とイギリス領事館をはじめとする外国公館の間をかけずりまわった。（中略）しかし、悲鳴に近いわれわれの叫びはほとんど無視された」と当時の状況を手記『日本に来たユダヤ難民』に記す。

集まった中から、バルハフティクら5人

が代表として杉原千畝に日本通過ビザを求めた。だが、パレスチナや米国を目指す彼らは、最終目的地の入国許可はもちろん、十分な渡航費も持っていない。外務省の訓令に従えば、発給は不可能だった。

千畝は「人道上、どうしても拒否できない」という見解を添えて、外務省に指示を仰ぐ電報を送ったが、認められない。日独伊三国同盟へ突き進む中、本省はもちろん、ドイツをも刺激しかねない行為だった。

手記には揺れる思いをつづる。

「彼らは私にとって、何のゆかりもない赤の他人に過ぎない。（中略）他の誰かであったならば、百人が百人拒否の無難な道を選んだに違いない」

妻幸子も悩んだ夫の姿を歌集『白夜』に残した。

〈ビザ交付の決断に迷ひ眠れざる夫のベッドの軋《きし》むを聞けり〉

難題に対し、「キュラソービザ」という奇策で応えたのは、オランダ名誉領事ヤン・ツバルテンディクだった。5月に本国をドイツに占領されたこともあり、難民の窮状に同情し、杉原と難民の交渉にも同席していたとされる。

オランダ植民地だったカリブ海の島キュラソーならば、ビザが無くても渡航できる。便宜上の最終目的地として、入国許可に見せかけた証明書の発行を始めたのだ。

ソ連経由ならば、日本を通らねばならない。本省への二度目の請訓も認められなかった千畝は、腹を決めた。「幸子、私は外務省に背いて、領事の権限でビザを出すことにする。いいだろう？」

幸子の著書『六千人の命のビザ』には、「ナチスに問題にされるとしても、家族にまでは手は出さないだろう」という夫の覚悟の言葉が残る。

同書によれば、発給を始めたのは難民が集まってから11日後、7月29日だった。

自由への重い扉を開いた2人の外交官。ドビダビチュス館長は言う。「ユダヤ人の苦しみを知った時に決して無関心でおらず、自分たちの危険を顧みず、できることの全てを行ったのだ」

ビザを求めて、難民大挙

2140通の「命のビザ」リストとパスポートの複製品が置かれた机。カウナスの旧日本領事館（杉原記念館）の1階には、杉原千畝の執務室が再現されている。ソ連時代の国有化を経て実際の机や備品は失われたが、公開に当たって当時の物をそろえた。机上のタイプライターや黒電話が、76年前の執務の雰囲気を今に伝える。椅子の後ろには、古びた日章旗が掛かる。「カウナスの戦争博物館に届けられたもの。他に日本の施設は無かったので、ほぼ領事館のものだろう」と館長のシモナス・ドビダビチュス。

この部屋で千畝は、日本通過ビザを書き続けた。1940年7月末から、領事館を閉鎖する8月末までのことだ。

朝に開館すると、1日300人を目標に発給した。ゴム印ができるまでは全て手書き。閉館時間を大幅に延長しても、昼食を取る暇も無い。妻幸子の著書『六千人の命のビザ』

千畝氏が出国前に滞在したメトロポリスホテル（カウナス）

には、「睡眠不足のために目は充血し、痩せて顔つきまで変わって」と次第にやつれていく夫の様子が描かれる。

領事館前の公園には、寝泊まりして発給を待つ人たち。面接にこぎ着け、ひざまずいて足に口づけする女性もいた。「この人たちの経験してきた苦しい生活が痛いほど感じられた」という。

リトアニアは同年8月3日、ソ連に併合され、国としての独立を失った。ソ連側からは何度も退去命令があり、外務省からもベルリン行きの至急電が届く。やむなく千畝は、領事館閉鎖を決意した。

荷物をまとめ、繁華街のメトロポリスホ

テルへ。出国まで数日間、休息するためだった。「どの部屋かは分からないが、おそらく2階の部屋。一部当時のままの部屋もある」と同ホテルマネジャーのネリンガ・ラングビニエネは説明する。

帝政ロシア時代の1899年に建てられた老舗で、1925年設置の木製回転ドアの玄関や市松模様の床のロビー、階段など、ほぼ当時のままだという。「遺産として残すよう努力している。エレベーターが無いのが悩みですが……」

ここにもユダヤ難民はやってきた。閉めた領事館に滞在先を張り出してきたからで、千畝はビザに代わる渡航許可証を出したとされる。幸子は後に「疲れ切っていて起きなかったから、1枚だけ（私が）書いてお渡しした」と身内に語った状況は、閉鎖業務も重なった過酷な1カ月をうかがわせる。

そして出発の日。杉原一家はカウナス駅でベルリンに向かう汽車に乗り込んだ。幸子の著書によれば、再び集まった難民に、千畝は窓から身を乗り出し、渡航許可証を書いたという。

汽車が走り出し、「許してください。私はもう書けない。皆さんのご無事を祈っています」と深々と頭を下げると、ホームの1人が追い掛けながら叫んだ。

「スギハァラ。私たちはあなたを忘れません。もう一度お会いしますよ」

75年の時を経て、同ホテルと駅に2015年9月、千畝の顔のレリーフが掲げられた。駅の銘板には「9月4日にカウナス駅を出発する直前まで『命のビザ』を発給し続けた」と記されている。

過去に向き合う博物館

ビリニュス市内にあるリトアニア国立ユダヤ博物館。こぢんまりとした木造の建物で、緑色の外観から「グリーンハウス」とも呼ばれる。

その前庭に、岐阜市出身の彫刻家、北川剛一(69)のモニュメントがある。1992年、共通の友人を持つリトアニア最高会議議長(当時)のビタウタス・ランズベルギスから「戦時中、ユダヤ人がセンポ・スギハラという日本人に大変お世話になった。偉業をたたえる作品を作ってほしい」と依頼され、制作したものだ。

北川剛一さんが制作した「月の光よ永遠に」
（ビリニュス、国立ユダヤ博物館）

ソ連軍による放送局襲撃など多数の流血を経て、前年に独立を果たしたばかり。戦車が街頭でにらみを利かせ、兵士が行き交う緊張状態が続く中、早くも杉原千畝顕彰の動きが始まっていた。

「杉原さんの存在どころか、同郷であることも知らなかった」という北川は、ノアの箱舟と支える姿を思い描き、1カ月間で作品「月の光よ永遠に」をつくり上げた。

館内に入ると、ユダヤ人の歴史や文化、国内の虐殺の実態とともに、千畝の写真が展示されていた。「小さなコーナーだが、ユダヤ人を救った外交官、市民らを

千畝氏の展示前でガイドするカロリス・サブーティスさん
（カウナス、第9要塞博物館）

紹介している」と同館ガイドのミルダ・ヤクリーテ。

国内のユダヤ人は中世にリトアニア大公が居住や商売、シナゴーグ（ユダヤ教会堂）の建設を認めたことから、ほぼ全域に住み着いた。欧州の中では、快適に暮らせる国だったという。

それが第2次大戦の時期に一変する。ユダヤ人を「裏切り者」「抑圧の実行者」とする反ユダヤ主義が急速に台頭した。「ドイツの強力な政治宣伝がひとつの理由。ソ連占領時代に公職に就くユダヤ人が目立ったことも、占領に同調したようにみなされた」とヤクリーテは説く。

戦前に20万人以上いたユダヤ人の9割以上が殺され、その実行役として一部のリトアニア人が加担した。「誘因のひとつは、この空想への報復だった」

同国内の虐殺の地のひとつ、カウナス郊外の第9要塞。20世紀初頭、国境防衛のために造られた建物は現在、博物館となり、その歴史を伝える。

高いレンガ塀に囲まれた建物に入ると、ひんやりとした空気が漂った。「ナチ時代の3年間は死の収容所として使われた」と同館ガイドのカロリス・サブーティス(29)。

大戦中、ここでユダヤ人を中心に5万人が虐殺された。41年10月28~29日には、4273人の子どもを含む約9200人が射殺されている。

収容所当時のままの鉄格子の向こうには、千畝の功績を伝える展示が並ぶ。「ユダヤ人を助けた外交官らを紹介する中で、最も重要な一人がスギハラさんだ」。同時に、自らの命の危険を覚悟し、かくまった市民も顕彰している。

偽造書類を作ってゲットーからの逃避を手助けした女性、120人の子どもを救った司祭……。同国では3千家族が3千人を救ったとされる。狂気の時代にあっても、千畝と同じような人道の心は人々の中に広く残されていた。

こうした市民には戦後、イスラエルのホロコースト記念館からヤド・バシェム賞（諸国民の中の正義の人賞）が贈られた。リトアニア人は889人。日本人では、千畝が唯一受賞している。

旧領事館から世界に発信

「命のビザ」発給の舞台となったカウナスの旧日本領事館（杉原記念館）。その建物の2階にいた研究者の手で2016年2月、日本語・リトアニア語の辞書が生み出された。同年7月まで同館にあったヴィータウタス・マグヌス大学のアジア研究センター。「時々、記念館の見学者が間違えて事務所に入ってきた」と編さん者のオウレリウス・ジーカス所長（38）は笑う。

「変わった文字に興味があった」と書店で手にした日ロ辞書をきっかけに、日本研究にのめり込む。専門は政治学だが、週末を中心にパソコンに向き合い、12年前から対訳に取り組んだ。

オウレリウス・ジーカスさん

「リトアニア語とはあまりにも離れた言語だった」。例えば、英語のライフに相当する「Gyvenimas」は、日本語では「命」、「人生」、「生い立ち」など十数の訳語が必要。「歌舞伎」「サラリーマン」「おせち料理」など日本独自の言葉にも頭を悩ませた。

同国では杉原千畝の功績やアニメ、ゲームを通じて日本研究熱は高まってきたが、幅広い分野を網羅した辞書はこれまでなかった。「言葉が分からないと、政治も経済も進まない。架け橋になる言葉が必要だから」と7万語をオンラインで無料公開する。

同センターの前身、日本研究センターは、2001年に同館に入り、授業も行われた。同館と、その運営母体「杉原（命の外交官）財団」との三位一体で、千畝の顕彰と日リ交流を担ってきた。

現在は300人が東アジアの言語と文化を学び、うち日本専攻は120人を占めるまでに。手狭になったため、大学キャンパスに引っ越した。

その空いた2階（5部屋）を新しい展示室にする構想が膨らんでいる。「建物の修復と新しい展示の準備で忙しいんだよ」と館長のシモナス・ドビダビチュス。

同館はソ連時代、アパートとして使われ、屋根裏部屋を含め15室に5家族が住んでいた。独立後の1999年、会社経営者のラムナス・ガルバラビチュスらが「建物とともにスギハラさんの記憶を残そう」と財団を設立。翌年から1階の公開を始めた。

当初、年間5千人程度だった来館者数は年々増え、2015年は1万5500人に達した。「関心が高まり、新聞やテレビ、映画、歴史家などの取材を受ける仕事が増えた」とドビダビチュスは話す。

新しい展示は、「命のビザ」を手にした人たちが新天地にたどり着くまでに関与した人たち、同じようにユダヤ人を救った外交官、さらにリトアニアの歴史などの紹介も視野に入れている。

16年5月、同財団が初めて千畝に関する学術会議を開いたところ、日本やドイツ、ロシア、ポーランド、イスラエルなどから研究者が訪れた。千畝の死後の顕彰、復権とともに世界中で研究が進んでおり、掘り起こされた新事実を盛り込むつもりだ。

「スギハラさんの物語を日本人とユダヤ人という世界にとどめず、幅を広げていきたい」

日本からはるか遠いカウナスで千畝がまいた人道と友好の種。76年の歳月を経て、旧領事館からいくつも芽吹き、実を結んでいた。

（ジーカスさんの日本語・リトアニア語辞書のホームページアドレスは、http://jishokun.lt/）

第４章　ポーランド

ヨゼフさんが隠れ住んだ屋根裏の写真。とても狭く、日は全く差さなかったという

恵那からアウシュビッツへ

恵那山を望む小学校に通っていたころは、伝記を読むのが好きだった。学校の図書館で借りてきたアンネ・フランク。読み始める前に巻末の略歴を見て、他の偉人と異なる幼さに首をかしげた。

享年15歳。自分とさほど変わらない年齢で死ぬなんて、どういうことだろう。どんな苦難があったのだろう。読み進めるうち、第2次世界大戦中のナチス・ドイツによるユダヤ人の迫害を知った。

心に留まったのは、隠れ家で願った夢だった。「サイクリングをする、ダンスをする、口笛を吹く、世間を見る、青春を味わう」(1943年12月24日の日記)。どれも自分にとって、当たり前のことばかりだった。

その少女、恵那市の細江花(22)は、いつしかアンネの年齢を超え、現在は名古屋市内の大学院に通う。2016年秋、ポーランドの大学に短期留学した際、近くにアウシュビッツがあることを知った。アンネ一家が送られた強制・絶滅収容所だ。

「行ってみたい」。大学のある古都クラクフから車で1時間、記者と共にドイツ語名のアウシュビッツで知られる町オシフィエンチムに着いた。

博物館になっている収容所の入り口に立つ。色づいたポプラの葉が青空に映える風景からは、一見すると虐殺の地とは想像しにくい。だが、「働けば自由になる」という文字が掲げられた門をくぐり、レンガ造りの収容棟に入ると、その展示内容に息をのんだ。

収容者が履いていたおびただしい数の靴、山積みになった毒ガス「チクロンB」の空き缶、虐殺現場の薄暗いガス室……。「人間を人間として扱っていない。こんなことができてしまった時代、状況が恐ろしい」

オランダの隠れ家で捕まったアンネは1944年9月、両親と姉と共に送られてきた。

母親は翌45年1月に死亡。アンネと姉は、移送されたドイツの収容所で同年2、3月ごろに亡くなっている。

施設の壁面にずらりと掲げられた写真の収容者は、一様に頭をそられ、縦じまの服を着せられていた。「アンネは、この大勢の人たちの中の1人だったんだ」。奪われた自由、失われた膨大な数の命を思わずにいられなかった。

40年6月に最初の収容者のポーランド人政治犯728人が連行されてから、45年1月にソ連軍によって解放されるまでの同所での犠牲者は、約110万人と推計されている。

杉原千畝が日本通過ビザを発給した40年夏当時は、まだガス室による殺りくは始まっていない。だが、欧州全体で600万人というホロコースト（ユダヤ人の大量虐殺）が後に本格化したことを考えれば、文字通り「命のビザ」だった。

2009年に「世界の記憶」に登録された『アンネの日記』に続き、千畝の関連文書も登録を申請中だ。留学を終え、久しぶりに『アンネの日記』を手に取った細江。同じ時代を生きた千畝のことも調べてみたいと思った。

ホロコーストを伝える使命

山積みになった収容者の毛髪の中には、編んだおさげ髪も見える。収容所に入るに当たり、刈られた女性のものだ。実に2トン、4万人分。ガラス越しに広がる光景に来場者は言葉を失う。

「亡くなった人たちへの敬意として、手を付けずにそのまま展示している」とアウシュビッツ・ビルケナウ博物館のパーベル・サビツキ広報官(36)。靴やかばん、食器など展示物のおびただしい量が、110万人という途方もない犠牲者の命の数をうかがわせる。

「人間の残酷さ、闇の部分を考えさせられる場所だ」と案内するサビツキは、9年前まで首都ワルシャワのラジオ局の記者だった。

生存者の証言で番組を作るためアウシュビッツに通い詰めるうち、博物館から転職を持ち掛けられた。広報誌の編集や生存者との対話の機会もあり「やりがいのある仕事だ」と手応えを感じている。

アウシュビッツの有刺鉄線の前に立つパーベル・サビツキさん
(ポーランド、アウシュビッツ・ビルケナウ博物館)

１９４７年の開館当時は、生存者が案内に立った。だが、解放から72年の歳月を経て、ホロコースト(ユダヤ人の大量虐殺)の歴史を生の声で伝えることは難しくなってきた。

代わって役割を担うのが、若いサビツキや約３００人の公認ガイドたちだ。「今の時点で、生の証言が無くても案内できるシステムを作り上げたと思っている」

ガイドに際しては、録画、録音された膨大な証言の中から、来場者に応じた適切な言葉を選び出して紹介する。「その時は来場者が静かになる。『重みがある』

と言ってくれる」。スマートフォンに入れた証言の動画を見せることもある。

公認ガイドは数十冊の関連書籍を読み込み、実技を含む難関の試験を経て採用される。案内は有償だ。「難しい問題なので、なるべく（来場者の）自国語で説明したい」と日本語を含む17カ国語に対応している。

国連教育科学文化機関（ユネスコ）の世界遺産でもある同館には2016年、過去最多の205万人が来場した。日本からは、東日本大震災以降に減ったものの、毎年2万人近くが訪れる。

こうした取り組みにもかかわらず、世界の各地では第2次世界大戦以降も戦争や内戦に伴う虐殺が起きている。ホロコーストに向き合い続けるサビツキは、こう警鐘を鳴らす。「私は、虐殺は言葉から始まると考えている。排他的な言葉、人へのねたみや嫌み。それが行き着くと虐殺につながっていくのだ」

難民や移民を巡り、各国で排外主義が高まるが、「世界で起こることに決定を下す人たちに、ここで見たことを脳裏に焼き付けてもらいたい。スギハラ（杉原千畝）のような光の部分、正しい選択もできるということを一個人として感じてほしい」と訴える。

屋根裏で息殺す日々

屋根の上から響く靴音。日の差さない倉庫の屋根裏で、16人が息を潜めた。当時3、4歳だったヨゼフ(77)は、おじに口をふさがれた。「泣いてはいけない。音が漏れたら、死ぬかもしれないよ」

上にいるのは、近くに駐在するドイツのゲシュタポ(秘密国家警察)と思われる。収容所に送るため、隠れたユダヤ人を探しているのだ。天窓を開けられないよう、大人たちが必死にひもを引っ張った。

バベル城や聖マリア教会などの歴史建築が立ち並ぶポーランド南部の古都クラクフ。その街の一角で、ヨゼフは1943年ごろから解放までの2年間、両親や知人らと狭い屋根裏に隠れ住んだ。

外出はもちろんできず、食料は管理人がこっそり届けてくれた。外の景色で覚えているのは、天窓から見えた月だけだという。

戦前、クラクフには人口の4分の1近い6万人以上のユダヤ人がいた。39年9月、ナチス・ドイツの占領で総督府が置かれると、直ちに迫害が始まった。

外を歩く時はユダヤ人の印の着用が義務付けられ、路面電車に乗ることは禁止。約4万人が退去させられ、残った1万5千～7千人はゲットー(ユダヤ人の強制居住区域)に押し込まれた。12歳以上は強制労働の対象になった。

総督に任命されたハンス・フランクは同年11月の日誌にこう記している。「ユダヤ人は可愛がる必要はない。やっとかれらを懲らしめてやれるのが楽しみだ」(『ポーランドのユダヤ人』)

ゲットーにいた人たちは、43年に同所が解体されるまでに4回に分け、近くのアウシュビッツやベウジェッツの絶滅収容所に移送され、殺されている。

ヨゼフの両親もゲットーに入れられたが逃げ出し、地下組織の知人の手引きで屋根裏生活に入った。「11人いた父のきょうだいで、生き残ったのは父1人だった」。その言葉が、同国のユダヤ人がたどった過酷な状況を物語る。

45年1月、クラクフはソ連軍によって解放された。世間から隔絶されて育っただけに

「外に出た時、どれが犬で、どれが牛かも分からなかったそうだ」。戦後は南米に渡り、工科大学を卒業して技術者になった。

屋根裏で口をふさいだおじとは戦後、再会を果たしている。「君が、あの時に絞め殺しそうになった子か」と冗談めかして言われたという。

クラクフ市歴史博物館職員のバルトシュ・ヘクセル(30)によれば、43年当時、市内で約1万人のユダヤ人が身を潜めたと推定される。

「ゲシュタポの捜索もあれば、密告もあった。大変な環境下で、解放まで生き延びたのはごくわずかだろう」

ヨゼフは2016年10月、クラクフに帰郷した際、フルネームを出さないことを条件に取材に応じてくれた。証言は、戦後に両親から聞いた話に基づいているという。

シンドラーらが救った命

窓ガラスにモノクロの顔写真が貼られている。ほほ笑む少女やネクタイ姿の紳士、深いしわを刻んだ高齢者の肖像もある。

クラクフ郊外の博物館「シンドラーの工場」。写真は1993年公開の映画「シンドラーのリスト」で知られるオスカー・シンドラー（08～74年）に助けられたユダヤ人たちだ。

雇用先のほうろう工場の建物が改装され、功績や占領下の迫害を伝える博物館になっている。「本人か遺族が来館したら貼っていくそうです」と市内に留学する大学生で通訳の山口正光ピヨトル（24）が教えてくれた。

シンドラーは、現在のチェコ出身の実業家。「代えが利かない熟練工」と訴えて、1200人のユダヤ人を絶滅収容所送りから救ったといわれている。

浪費家で女好きと評され、しかもナチ党員だった人物が、なぜ手を差し伸べたのかは、よく分かっていない。ただ、生存者の回想から理由が垣間見える。

証言集『私はシンドラーのリストに載った』によると、収容所から逃走した女性2人が見せしめでつるされた場に、シンドラーが居合わせた。息絶える前に射殺された残虐な姿を見て、衆人の前で嘔吐《おうと》する。そして、「二度とドイツ人のためには働かない」と漏

「シンドラーの工場」博物館入り口脇にはシンドラー氏によって救われたユダヤ人の顔写真が貼られている（ポーランド・クラクフ）

らしたという。

　ワルシャワにあるユダヤ人歴史博物館の研究者アルトゥル・マルコフスキー（38）は「ポーランドでユダヤ人を助けた人というと、最初にシンドラーとイレーナ・センドレローバが頭に浮かぶ」と説明する。

　センドレローバは、同館が建つ場所にあった最大40万人のゲットーから2500人の子どもを連れ出し、かくまった女性活動家だ。

　一方で、「日本のシンドラー」と称される杉原千畝は、ポーランドから逃れたユダヤ難民を救ったにもかかわらず、同国ではあまり知られていないという。「2人が注目され過ぎているからだろうか」とマルコフスキー。

シンドラーをはじめ、ユダヤ人にまつわる話がポーランドに多いのには理由がある。「ユダヤ人にとって楽園だった」との言葉通り、戦前は人口の12～13％に相当する欧州最多の300万人前後が住んでいたと推計されている。

欧州で長く迫害を受けてきたユダヤ人を中世のカジミエシ3世らが受け入れたのに由来する。織物や皮革の職人が住み着き、シナゴーグ（ユダヤ教会堂）のあるユダヤ人街ができた。だが、ホロコースト（大量虐殺）で状況は一変。国内で生き延びたのは、わずか数万人とされる。

ポーランド人が虐殺に加担したケースもあった。分割占領の苦汁をなめた国民の中に自国を取り戻したいという民族主義が高まり、反ユダヤ主義と結び付いたのが一因といわれる。

「ユダヤ人との共存には波があった。いい歴史も、悪い歴史も」とマルコフスキー。「その歴史を研究することで、人や宗教の共存のモデルにできないか」と欧州を揺るがす移民問題を含め、共生への糸口を探っている。

千畝に託した旗

「祖国」「誇り」の文字が刺しゅうされた紅白旗。独ソに奪われた国土奪還の誓いを込めたポーランド空軍のシンボルは、同国が歩んだ苦難の歴史をそのまま今に伝える。

１９４０年、その旗を亡命政府の元に運び出すのに、日本人外交官が関わっていた。

「ポーランド軍の軍人がスギハラのところへ大きな旗を2枚持っていったそうだ。亡命軍に届けてほしいと。『なんだこれは』という顔をしたが、確かに（ルートを使って）ロンドンまで届けてくれた」

そう話すのは、クラクフにある公立ポーランド国防軍博物館の職員ピヨトル・リフリク（43）だ。杉原千畝がリトアニアのカウナスに領事館を開いたのは39年11月。隣国ポーランドは独ソの侵攻を受け、2カ月前に地図から消えていた。

だが、ポーランドは亡命政府をパリ（後にロンドンに移転）に設け、軍も内外で抵抗を続ける。「亡命政府に秘密情報を届けたい時は、まずカウナスに持って行けとなっていた。そうすれば、スギハラが届けてくれた」

当時、カウナスに日本人は杉原一家しかいなかったことから、窓口として千畝が関与していたと思われる。人道とは異なる、本来の任務が垣間見える。旗の運び出しも、このルートが使われた。

ワルシャワのポーランド軍事博物館によると、数千人の空軍パイロットらが亡命先のフランスなどで部隊を編成。祖国のために戦う決意を示す旗をつくることにした。40年1月、地下組織の連絡網を使い、開戦前までポーランドが支配し当時リトアニア領に戻ったビリニュス(現在のリトアニア首都)に制作を依頼している。修道女らによって刺しゅうが施された。

同館のホームページには、「当時手に入れることの難しかった絹の生地と金糸は、驚くべきことに日本の外交官がベルリンで極秘に買い求め、ビリニュスに送り届けた」とある。

完成した旗は同年5月、日本のクーリエ(外交伝書使)によってリトアニアからベルリン、さらにストックホルムなどを経て41年3月、ロンドンに移動した亡命空軍に届けられ、飛行場に掲げられたという。

なぜ、ポーランド軍は千畝を頼ったのか。背景には、日本とポーランドとの間で長く続いた諜報・軍事部門での交流の歴史がある。ソ連という共通の脅威を持つ国同士、戦前から密に接触を図っていた。

「ポーランド人はロシア人と顔が似ているから入り込みやすい。対ソ連情報を得るのに日本は重宝していたようだ」とリフリク。彼の勤める博物館に「アリサカ銃」として展示された数丁の旧日本軍の38式歩兵銃が、両国のつながりの一端を物語る。

ポーランドは戦後、社会主義国となり、亡命政府は89年の民主化まで英国で存続した。旗が亡命空軍退役軍人らにより本国に返されたのが92年。制作から実に半世紀がたっていた。近くポーランド軍事博物館での修復を終え、デェンブリンの空軍大学校内の博物館に納められる。

現地将校と独ソ動向探る

「日本人居住者もいないカウナスの領事（代理）となってみて、私は国境付近のドイツ軍の集結状況を参謀本部と外務省に伝えることがわが使命であると自覚した」

ロシア語でタイプ打ちされた10枚の報告書。杉原千畝が1949年、任務を振り返り、ポーランド軍将校に送ったものとされる。戦時中、地下活動に従事したワルシャワの人物が保管していた。

エバ・パワシュ・ルトコフスカさん

「諜報に関わる人はあまり文書で活動を残さない。なぜ書いたのか、理由は誰も知らない」とワルシャワ大日本学科のエバ・パワシュ・ルトコフスカ教授。共著者と同報告書を見つけ出し、書籍の形で世に出した。

千畝がカウナス行きを命じられたのは39年7月。ヒトラーがポーランドとの不可侵条約を破棄し、欧州で緊張が高まった時期にあたる。独ソ戦につながれば、日本は満州（現在の中国東北部）に張り付く関東軍を南方に振り向けることができることから、外務省や軍部は両国の動向に強い関心を抱いていた。

千畝が接近したポーランド軍の諜報関係者のうちの一人、ヤン・ペシュことレシェク・ダシュキェビチ陸軍中尉は自身の報告書の中で、40年春ごろの出会いをこう回想する。

「（杉原）領事に会い、国境付近におけるソ連軍の準備状況、作戦準備とみなし得るソ連軍の各地域での集結状況に関する情報を伝えることになっていた」「杉原はすぐに私を迎え入れ、ロシア語で手短に会話を交わした」（『日本・ポーランド関係史』）

ポーランド軍との関わりは、千畝だけにとどまらない。同じころ、ベルリンの満州国公使館にいた岐阜市出身の笠井唯計《ただかず》は、占領から逃れて亡命する複数のポーランド軍将校に満州国の国籍を与え、パスポートを発行したと生前に証言している。

千畝がロシア語を学び、教えた「ハルビン学院」の後輩にあたり、カウナスのホテルで千畝と面会したというメモも残している。「ビザとかパスポートを杉原さんや、われわれにも頼みにきた。政府に申請も出せないし（中略）情報を提供してもらう条件のもとに、満州国のパスポートを出してやった」（『サキエル氏のパスポート』）

ポーランドのユダヤ難民への「命のビザ」に関しても、ダシュキェビチは関与を示唆する。「日本の通過ビザ発給の決定に関する回答を領事から受け取ることになっていた」と報告書に記す。ビザ発給を迅速にするため、ゴム印を作るよう提案したのも、ダシュキェビチなのだという。

ポーランド軍の諜報関係者との繋がりから、浮かび上がる千畝のもう一つの顔。ただ、ユダヤ難民への大量配給は見返りでなく、人道精神に基づくとルトコフスカは考える。「ユダヤ人が領事館に集まってきたのは、ダシュキェビチらとは関係ない。自然発生的なものだったからです」

黒沢明監督の映画「姿三四郎」を見て日本文化に興味を持ち、ポーランドと日本の両軍のつながりなどを研究したルトコフスカ。２０１５年に旭日中綬章も受けた日本通は、「杉原さんのことをもっとポーランドでも知らせないといけない」と力を込めた。

第5章　敦賀・神戸・横浜

昭和・戦前の空から見た敦賀港
（敦賀市立博物館所蔵）

敦賀の温かい出迎え

凍り付いたウラジオストクの港を出て、暁の日本海を進む客船「はるびん丸」。はるか前方に黒い帯のような陸地が見えてきた。

日が昇り、松原越しに敦賀の町が浮かび上がる。71人のユダヤ難民が、一斉に甲板に出た。「あれこそ希望と不安を託しつづけた目的の町だ」

ユダヤ教の聖職者、マービン・トケイヤーらが執筆した『河豚《ふぐ》計画』には、杉原千畝の「命のビザ」を手にシベリアを横断し、1万キロ余を旅した難民の姿が描かれている。

彼らにとって、日本は極東の未知の国。同時に、ドイツと同盟関係にある油断ならない国でもあった。

だが、岸壁に着くとその不安は霧消した。制服姿の役人らは笑みを浮かべている。出迎えのユダヤ人はイディッシュ語で手続きを教えてくれた。

「日本は安全だ！　処刑もない（中略）はじめて大手をひろげて迎えてくれる国にたどりつ

1940年から41年にかけ、ユダヤ難民が上陸した現在の敦賀港
(福井県敦賀市、天筒山から望む)

いた」(同書)

敦賀港に近い商店街「御影堂前《めんどうまえ》」。当時13歳の福井県敦賀市の山本孝太郎(90)は、上陸した集団を自宅の酒屋近くで見かけている。時期は、1940年9～10月。「気比《けひ》神宮」の長い秋祭りが終わったあたりだった。

男女20人ぐらいで、子どもの姿もある。バリッとした外套《がいとう》姿の一方、裾のほつれたズボンや、底が剥がれた革靴を針金でくくって履く、みすぼらしい身なりも目に付いた。

「着の身着のままも混ぜこぜ。ひげもじゃもおった」。ひげは宗教上の理由から伸ばしていたものとみられる。

欧州との玄関口だった当時の敦賀で外国人は珍しくはなかった。ロシア語が堪能な近所の元銀行員に尋ねると、「彼らはユダヤ人や」と教えてくれた。通訳として、敦賀駅で行き先を神戸と横浜に振り分ける手伝いをしていたので事情を知っていた。

ユダヤ難民の大規模な上陸は40年9～10月に始まり、41年6月の独ソ開戦の影響で終わったとされる。正確な人数は分かっていないが、当時の新聞記事を積算すると4千～6千人に上る。

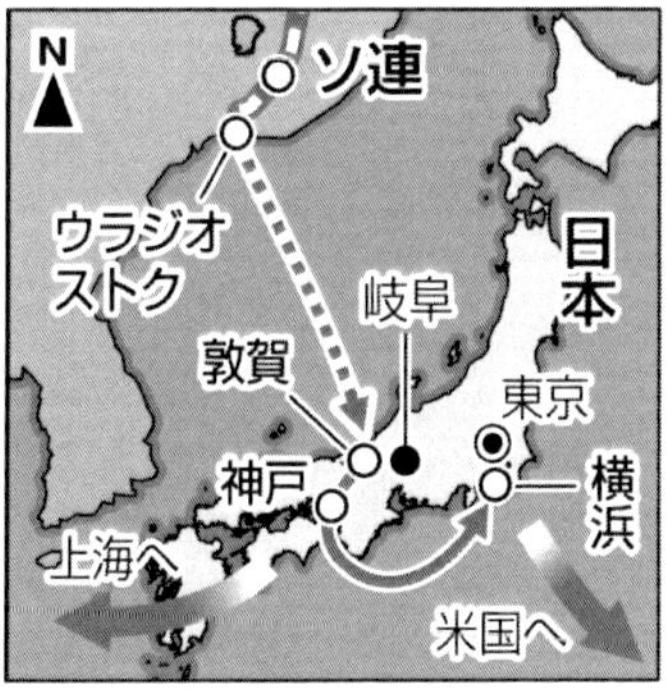

ユダヤ難民の通過ルート

こうした人々を温かく出迎えた人たちがいた。港近くで「朝日湯」を営んでいた中川佐太郎（故人）は、風呂を難民に開放している。家族は「ようしてもらったと、涙を流して入ったんやと従業員から聞いた」と打ち明ける。

中川は旧敦賀町の町議、地元区長を務めるなど地域の世話役だった。「他にも銭湯はあったが、浜に近いので頼まれたのだろう」

善意の逸話はこれだけではない。リンゴを差し入れた少年や、流産した女性を手厚く診た医師、看護師がいた。迫害を逃れてきた難民たちは敦賀の町を「ヘブン(天国)」と形容した。

ただ、もろ手を挙げた歓迎を受けたわけではなかった。山本はユダヤ人の話をした際の母親の反応を覚えている。「戸を閉めよ。特高(特別高等警察)が来て、何しゃべっとったと聞かれたらかなわん」

実際、難民の列には特高の監視が付いたという。そんな時代にもかかわらず手を差し伸べた人たちの行為は、時を経ても輝きを放つ。

史実を示す腕時計

ユダヤ難民の足跡を伝える古びた腕時計1点が、敦賀市に残されている。

敦賀駅近くで時計修理店を営む田代牧夫(65)は２００６年、この時計を鑑定した。裏ぶたを外すと、スイス製のムーブメントが現れた。「古いテクノス社製で、安い時計ではない。直せばちゃんと動くよ」

戦前、同駅前にあった「渡辺時計店」に持ち込まれたもの。上陸して港から歩いてきた難民たちは、店主の渡辺喜好（故人）に空の財布を示し、物を食べるしぐさをして換金を求めたという。

気の毒に思った渡辺が、食べ物を差し出したこともある。買い戻しを考えて時計は取っておいたが、１９４５年の空襲で店ごと焼けてしまう。唯一残ったのが、娘の石田ヒサ（故人）が譲り受けた、この細身の女性用だった。

「時計があると聞いた時は驚いた」と石田から預かった元市職員の古江孝治（66）は、今もその時の興奮を忘れない。

古江がユダヤ難民や杉原千畝に関心を持ったのは、99年の敦賀港開港１００周年記念イベントの実行委員会に派遣されたのがきっかけ。上陸地として、加茂郡八百津町から「命のビザ」を借り受けて展示していた。

市史に載っていない史実を調べようにも、関連書籍には「敦賀に上陸した」程度しか書かれていない。市内のタウン誌「ｔａｍ」が92年夏号に特集を組んだのが唯一だった。

歴史の空白を埋めようと思い立ち、当時の新聞記事を収集していた「日本海地誌調査研究会」の井上脩(90)と難民に関わった人を探し始めた。

だが、すぐに行き詰まる。「ユダヤ人のことを聞きたい」と高齢者宅を訪れると不審がられ、扉を閉ざされた。「敦賀の人でもユダヤ難民のことはほんの一部しか知られていなかった」。一方で、数少ない目撃者は次々と鬼籍に入っていく。

そこで、２００６年に研究会にプロジェクトチームをつくり、自らもユダヤ難民を見ている井上、事務局長役の古江を含む８人で聞き取りを開始。港から駅に至る通り道の住民を中心に知り合いを紹介してもらい、1年間で三十数件の情報を集めた。

「ユダヤ人が甲板一杯にいた。うれしそうに話をしていた。生涯で出合った最高の笑顔だった」「子どもがはだしでリンゴを食べながら歩いていた」。当時の情景を生き生きと浮かび上がらせる証言の数々。腕時計の存在が分かったのもこのころだった。

「話を聞いた人はいずれも高齢で、『あと10年早かったら』と何度も言われた。入院先まで聞きに行ったこともあった」と古江は調査を振り返る。成果は07年、64ページの記録集

『人道の港　敦賀』としてまとめられた。

「記憶が薄らいでいく中で、証言を得る最後のチャンスだった。『記憶』を『記録』として残すことができた」

「人道の港」を発信

敦賀港を望む金ケ崎緑地の一角に建つ資料館「人道の港　敦賀ムゼウム」。大和田銀行創設者・大和田荘七の別荘を模したモダンな外観の同館で2017年3月18日、ささやかなセレモニーが営まれた。

ポーランド語で資料館を意味する「ムゼウム」の名を冠した同館が、08年3月の開館から9年で20万人目の来館者を迎えたのだ。

渕上隆信市長から花束を受け取ったのは、くしくもポーランド出身の会社員、トゥルレビチ・アルカディウス。同国からリトアニアを経て「命のビザ」で逃れたユダヤ難民の上陸時の様子や、1920～22年のポーランド孤児の救済に関する展示を丹念に見て回った。

「人道の港 敦賀ムゼウム」の20万人目の来館者に説明する坂本聡さん（敦賀市）

案内役の職員、坂本聡(59)が語り掛ける。「リンゴを届けた少年や風呂を提供した人が行動を起こした際、どんな気持ちだったかを想像してみてください」。見終わったアルカディウスは「温かい気持ちになった」と笑顔を見せた。

同館は、もともと県所有の休憩所。ユダヤ難民が残したとされる腕時計や、難民に関する住民の証言など「日本海地誌調査研究会」の06～07年の調査の成果が展示の要になっている。

八百津町が所有する「命のビザ」の写真や、欧州に向けた玄関口だった敦賀港の歴史も紹介する。17年4月からは、ジャパン・

ツーリスト・ビューロー（JTBの前身）の職員として日本海を渡る難民の船に添乗した故大迫辰雄が残したアルバムのレプリカの展示も始まった。

内容は充実し、来館者数も順調だが、施設は手狭で観光バスの入る駐車場がない。22年度末には、北陸新幹線延伸も予定されている。こうした状況を受け、市は検討委員会を開き、20年度末の新施設建設も視野にあり方を協議する。「人道の港」をさらにアピールし、港観光の拠点に据えたい考えでいる。

開館準備を担い、初代館長も務めた古江孝治は「足元に埋もれた原石を掘り起こし、磨きをかけてきたが、ここまで広がってくるとは思ってもみなかった」と驚きを隠さない。ムゼウムを所管するのは、市の「人道の港発信室」。16年4月に観光・交流振興課から改組し、海外交流事業やクルーズ客船の受け入れなどを担う。

「他県の海外交流担当者の会合で名刺交換をすると『人道』と入っているのに驚かれる」と同室職員の本庄志帆里(31)。港の近くで生まれ育ったが、歴史を知る中で港を中心に成り立ってきた世界に通じた街という実感を持つようになった。

「排斥に傾く今の世界の情勢から言うと、『人道』は大事なキーワード。『優しい日本人がいた』という過去形ではなく、現在形になればいい」と願っている。

70年超守った写真

赤ら顔で背の高い若者の姿が、かすかに記憶に残る。手元の写真には、浴衣姿で座敷に座る3人の外国人。どこの国から来て、なぜ何度も自宅を訪ねてきたのだろうか。

古いアルバムをめくるたび、神戸市の中島信彦(85)は不思議に思っていた。その疑問が2016年4月、74年の歳月を経て市の調査で解けた。「命のビザ」で日本に入国し、出国を待つユダヤ難民だったのだ。

「父は税関の関係の仕事をしたことがあったもんで、ちょっとだけ英語が話せた。ユダヤ人の手助けをしてる女の人がいて、一緒に父の店に買い物に来たのを家に連れてきたんが最初やと思います」

残された署名から、このうちの1人は杉原リスト1374番、1940年8月7日に発給を受けたドイツ国籍のメノ・モーゼズ・ウオルデン(当時25歳)と判明した。

浴衣を着て座敷で記念写真に納まるユダヤ難民（中島信彦さん提供）

41年3月に入国し、神戸発の難民の最後の船便とされる上海行きの「大洋丸」が出港する同年9月ごろまで同市に滞在している。住所は灘区にあった中島家から西約500メートルの王子公園近くだった。

別に和服の写真や、出港直前に置いていったとみられる顔写真もあり、出国先のビザなど手続きがそろうまでの間、交流を重ねていた様子がうかがえる。

『命のビザ、遙かなる旅路』の著作があり、神戸市の依頼で写真を分析した東京都のフリーライター、北出明（73）は、「自宅に招いて日本文化に触れてもらうという市民のおもてなしが分かる」と話す。

中島の父才之進《さいのしん》(故人)は、灘区内の市場で豆や砂糖の小売店を営んでいた。以前にも、路面電車で出会った外国人と仲良くなり、はるばる船でオーストラリアまで訪ねて行くような社交家だったという。

ただ、中島は当時9歳で、事情がよく分かっていなかった。「父が気の毒と思ったかは分かりません。ただ、神戸では外国人と接することは別に不思議でも何でもなかった」

同市でのユダヤ難民の足跡は、市史に記載がなく、公的な記録や市民の証言もほとんど残されていなかった。映画「杉原千畝 スギハラチウネ」の公開などで顕彰の機運が高まる中、久元喜造市長が市民から情報を募ることを提案。2016年2月、自身のブログでも協力を呼び掛けた。

中島の元に写真が残っていたのは、偶然ではない。1945年6月の神戸空襲の際は自宅を失いながら、写真は床下の防空壕《ごう》に運び入れ、さらに土をかけておいたため焼失を免れた。

95年の阪神・淡路大震災では、全壊した店舗兼住宅の階段下から見つけ出した。家族の大切な思い出が詰まったアルバムは、多くの神戸市民と同じ苦難をかいくぐってきたのだった。

今回、市民から寄せられた情報は約50件で、新たな写真は6枚。2017年3月『神戸市史紀要　神戸の歴史第26号』として1冊にまとめられた。

中島が提供した写真も、もちろん掲載されている。「守ってきた写真が、ようやく日の目をみたな」。そう言って目を細めた。

神戸で難民受け入れ

山盛りのリンゴを笑顔で配る男たち。受け取っているのは、神戸市に滞在するユダヤ難民だ。

1941年2月、中央区山本通の神戸ユダヤ協会。中央に写る斉藤源八（故人）は、キリスト教の牧師で、長田区に教会を開いていた。大阪、京都の教会と協力し、滞在中の770人に13箱分のリンゴを配ったのだった。

「困った人を助けたいという思いから、じっとしていられなかったのだろう」と孫で同

1941年、ユダヤ難民にリンゴを手渡す斉藤源八牧師（中央）ら（斉藤真人さん提供）

市在住の斉藤真人《まさと》（59）。「ユダヤ人が教会に遊びに来たり、みなで船を見送りに行ったりしたと伯母から聞いた」

敦賀に上陸した難民の多くが同市に向かい、最終ビザや渡航費が工面できるまで滞在した。写真はその間の救済の一端を伝える。

なぜ神戸だったのか。神戸外国人居留地研究会理事の岩田隆義（75）は「目指したというより、ユダヤ協会が身元保証や助言をして連れてきたようだ」と解説する。

開港（1868年）とともにユダヤ資本が入った神戸には、異人館で知られる北野町や山本通などに200人規模のユダヤ人

ユダヤ難民が滞在した「馬止の異人館」を前にする松本正三館長（神戸市）

共同体ができていた。ユダヤ教徒の心のよりどころとなるシナゴーグ（ユダヤ教会堂）もあった。

うち、アシュケナージ派と呼ばれる欧州系の人々が救済を担った。同協会が市内の洋館を借り受け、難民を合宿の形で住まわせた。1940年9月の日独伊三国同盟締結に伴って英米人が引き揚げたころで、ちょうど空き家が出ていた。

外務省外交史料館に残っていた兵庫県の報告書によると、下宿やアパート、ホテルを含め、41年4月時点で38カ所に1269人が分宿。米国の救援組織からの送金を基に生活費が支給されたほか、毎日1人パン

1斤が提供された。

「時に一室に12人位同居する場合もあり、至極惨めな生活を営みおれり」（日本郵船神戸支店長の報告）という状況の一方、少なくとも迫害は無かったことから「当時の6人の手記を読んだが、神戸は安全な場所で幸せだったと皆が書いていた」と岩田は言う。

総数については、岩田は外務省や日本郵船の記録から、40年7月から41年11月までの間で「5千人超」と推計。カウナス以外の在外公館が発給した通過ビザで来たドイツ系ユダヤ人もいたが、「8～9割は杉原ビザ」とみている。

同市文書館は2016年、兵庫県の報告書を基に、難民の滞在先を落とし込んだ地図を作成。空襲や阪神大震災で古い建物が失われた中で、現存する洋館「馬止の異人館」（神戸市中央区）が利用されていたことを突き止めた。

文書館長の松本正三（66）は「神戸には港があり、他の都市に無い教会や宗教があり、いろいろな国の人がいる。ウエルカムでもないが、追い出すわけでもない『駆け込み寺』のような受け入れの風土があるのでは」と街の特徴を分析している。

小辻節三、救済に奔走

「杉原千畝さんをたたえるならば、小辻さんも知らなければいけませんよ」

岐阜市の官庁街の一角にある日本キリスト教会岐阜教会。同教会で44年間牧師を務め、２０１７年３月に退任した同市の多田滉《あきら》（79）は、先輩の小辻節三（１８９９～１９７３年）の功績をたびたび周囲に説いてきた。

小辻節三氏（山田純大さん提供）

京都の神社の神職の家に生まれながらキリスト教を信仰した小辻は、26歳で岐阜に赴任。神室町にあった教会で1年8カ月、牧師を務めた。

後にヘブライ語研究者に転じ、国内でユダヤ難民の救済に奔走している。きっかけは１９４０年11月ごろ、神戸ユダヤ協会から受け取った手紙だった。松岡洋右外相への陳情の仲介を求められたのだった。

日本通過ビザの滞在期間は10日間で、最終ビザの取得には足りない。通過ビザも持たない難民は上陸すらできず、日本海の往復を強いられている。

小辻はすぐに面識のある松岡に掛け合った。ユダヤ人事情に精通した知識を買われ、南満州鉄道総裁当時の松岡の要請で調査部顧問を務めた過去があった。

「(松岡)先生は現下の困難な事態を諄々《じゅんじゅん》と説かれた後で、ある便法を示唆してくれました。それはまことに地獄に仏の知恵でありました」(『松岡洋右－その人と生涯』)

滞在延長の権限は外務省ではなく、兵庫県にあることを暗に示されたとみられる。小辻は、当時では巨額の30万円を義兄に工面してもらうと工作に乗り出す。

自伝によれば、警察幹部5～6人を料亭で接待した。買収ではなく、〝友人〟になるためで、3度目の酒席でようやくユダヤ難民の窮状を切り出した。

こうした当局者との交渉や通訳、逮捕者の釈放手続きなどで神戸や横浜を駆け回った。反ユダヤ主義を批判する本を出版し、官憲の拷問を受けてもいる。後にキリスト教からユダヤ教に改宗してはいるが、「杉原さんの努力を日本で実らせた。ヒューマニズムの立場から尊ぶべき人だ」と多田の評価は揺るがない。

米国留学中に小辻の存在を知り、2013年に『命のビザを繋《つな》いだ男』を出版した俳優の山田純大(44)は「宗教とは何だろうという旅路のひとつの答えを出した場所が岐阜だった」と指摘する。

長女が生まれ、長良川の風景を気に入って永住も考えていた。だが、ある冬の晩に転機が訪れる。

弱々しいノックの音でドアを開けると、そこにハンセン病患者の男が立っていた。かつての学友だった。「衣服や数週間しのげるだけの金銭を渡したのだが、その直後、小辻は恥ずかしさにいたたまれなくなった」(同書)

寝場所を与えなかったのは、立ち去ってほしかったからではないかと激しく自問する。新約聖書に答えを見い出せず、ユダヤ教典である旧約聖書の学び直しを決意。向かった米国でユダヤと接点を深めていった。

小辻はいつしか「宗教は全て一緒。親の愛、人々への愛が儀式化し、派閥が生まれただけだ」という結論にたどり着いた。2016年12月に第1子が生まれた山田は「生きていたら、(内戦下の)シリアなどで子どもが死ぬ状況に対し、どんなことを言うのだろう」

と思いを巡らせる。

その小辻は晩年、神奈川県鎌倉市の自宅に千畝を迎え入れている。山田によれば、2人きりで応接間に入り、5分足らずで千畝は帰った。小辻の娘の暎子さん、百合子さんは「言葉は2人には必要なかった」と話していたという。

難民を運んだ「氷川丸」

港町・横浜市。山下公園に係留されている貨客船「氷川丸」は、喜劇王チャプリンら著名人が乗船したことでも知られる。国指定重要文化財でもある同船には、平日でも多くの観光客が訪れ、写真を撮り内部を見ては優雅な船旅に思いをはせている。

氷川丸には、日本にたどり着いたユダヤ難民を乗せ、横浜から北米へ運んだ歴史がある。難民を運んだ船は同船しか残っておらず、貴重な〝遺産〟だ。

当時、氷川丸はシアトル航路を運航。難民は、横浜からカナダのバンクーバー市や米国シアトル市へと向かった。運航していた日本郵船(東京都)が1942年に発行した『社

船調度品由来抄　下巻』によると、ユダヤ教は戒律で食事に制限があることから、ユダヤ教徒でも食べられる食料品を寄港地で準備するように手配するなど、できる限りユダヤ難民の希望に添うよう配慮したことなどが記されている。

ただ、ユダヤ難民が何人横浜に逃げて来たのかや、横浜での生活の様子を伝える資料は極めて少ない。人数については、当時の外務大臣松岡洋右がサンフランシスコ総領事に40年7月に宛てた電報で、鎌倉丸で13人、氷川丸で77人のユダヤ人が米国に渡ること、今後も増えるだろうということを伝えているほか、同年9月の「横浜貿易新報」で氷川丸の乗客290人のうち130人がユダヤ人と報じたことが分かっている程度だ。

2016年、横浜市歴史博物館で開かれた杉原千畝の業績を伝える写真展「杉原千畝と命のビザ～シベリアを越えて」を企画した同館副館長の井上攻《おさむ》(58)は、「横浜にはもともと中国人やインド人などの外国人が多く、ユダヤ人を珍しく感じなかったのではないか」と資料や証言が少ない理由を分析する。

また、戦火で資料は焼失。滞在した場所が山下公園周辺と狭いエリアで、神戸市に比べて短期間の滞在だったといわれていることから日本人と触れ合う機会が少なかったことも想像される。

滞在したホテルと分かっているのは、いずれも山下町にあったセンターホテルとバンドホテル。41年1月の朝日新聞神奈川版では「戦火に追はれて漂泊する北欧人」の見出しで、バーやロビーまでベッドを持ち出して宿泊している様子を伝える。井上は「これらは二流、三流のホテル。比較的裕福なユダヤ難民が横浜に来て、貧乏なユダヤ難民が神戸に行ったと聞いていたが、その分類は見直す必要があるかもしれない」と話す。

センターホテルには、杉原にビザ発給を交渉し、後にイスラエルの宗教大臣も務めたゾラフ・バルハフティクが滞在。バルハフティクは約半年間滞在し、同ホテルを拠点にポーランド系ユダヤ難民の支援に尽力したという。一方、ドイツ系ユダヤ人は、同町にあった高級アパート「互楽荘」に事務所を持っていた貿易商ハインツ・マイベルゲンの事務所で支援をしたといわれているが、実情は分かっていない。

井上は「2016年の企画展が端緒となり、資料が見つかれば」と期待する。横浜での命のビザの物語は、これから本格的に語られることになりそうだ。

第６章　イスラエル

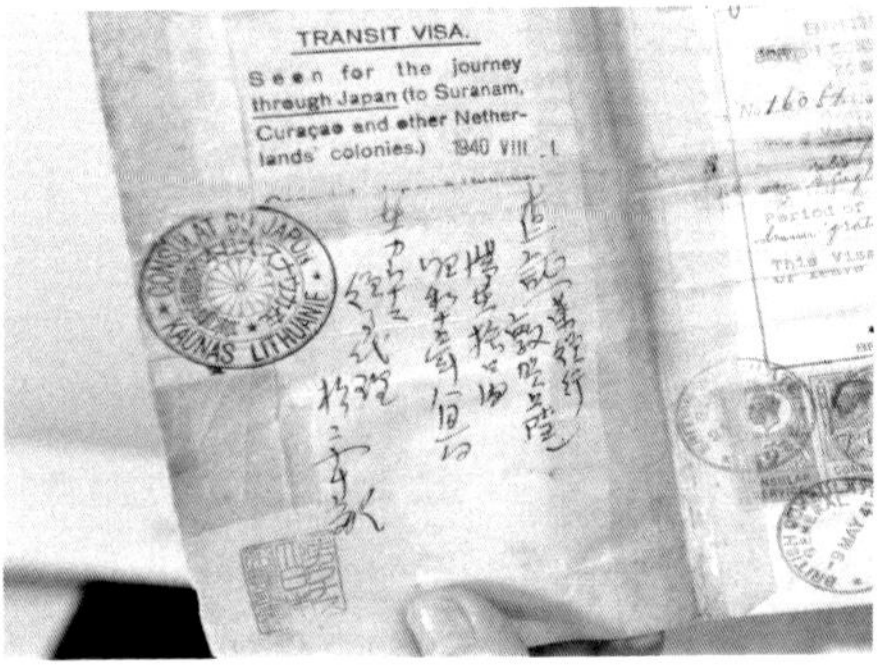

スピバック・スロル・レイブ氏の杉原ビザ

「命のビザ」ストーリー始まる

目元に刻まれた深いしわが、ユダヤ人として味わった辛苦と長い歳月を物語る。遠くに地中海を望むテルアビブ近郊のマンションで、記憶を絞り出すように語り始めた。

リトアニア出身のソリー・ガノール（90）は78年前の1939年12月ごろ、同国の臨時首都カウナスで杉原千畝に会ったという。「とても優しい目をしていたよ」。

ちょうどユダヤ教の祭り「ハヌカー」のころ。当時12歳のソリーが祝い金をねだりに、ドネライチョ通りにあったおばのアヌーシュカの食料品店を訪れると、背広姿の紳士がいた。

「初めて見た日本人だった。確か、彼は子どものためにチョコレートを買っていた」

同年9月の独ソによるポーランド侵攻で、カウナスには大勢のユダヤ難民が逃れてきていた。同胞の間で救済委員会が設けられ、ガノール家も父娘2人をかくまっている。

ソリーもまた、もらった祝い金全てを難民のために寄付し、目当ての喜劇映画を見るこ

杉原千畝氏に会った日々を振り返るソリー・ガノールさん
（イスラエル・テルアビブ近郊）

とができないでいた。

察したアヌーシュカが祝い金を渡すと、その場にいた千畝も銀貨を取り出した。「あなたは親戚じゃない」と遠慮するソリー。すると、流ちょうなロシア語でこう応じてきたという。「じゃあ、ハヌカーだけおじさんになりたい」

ソリーの「おじさんなら、あなたもハヌカーのパーティーに来てください」という誘いには、社交家のアヌーシュカも驚いた。身内で営む宗教行事だからだ。

「大丈夫ですよ。ハヌカーがどんなお祭りなのか見てみたい」。そう興味を示したという言葉通り、千畝は数日後のパーティーに礼服姿で現れた。

燭台に火がともされ、祈りの言葉や歌が続く。傍らにいた千畝の問い掛けに、ソリーはエルサレムの神殿奪回に由来する光の祝いの意味を説明してあげた。

同伴した妻幸子は妊娠中だった。甘いチョコレートケーキのデザートでもてなされたことを後日、回想している。

食事が済んだころ、同席していた難民のローゼンブラットがユダヤ人の窮状を訴え始めた。その場でビザを求められた千畝は、「どうして必要なのか」と事情を聞いたという。

「『命のビザ』のストーリーは、こうして始まったと思っている。最初の依頼は、この夕食だったのではないか」

ソリーによれば、当時の自宅は日本領事館に近いバイジュガント通り付近。それ以降、同館をたびたび訪ねることになる。お目当ては、同館に届く手紙に貼られた珍しい切手だった。「週1回は通っていたよ」

いつものように領事館に向かった時のこと。周囲に大勢の人が集まっていた。どんな人が、何の目的で集まっているのか、その時は分からなかった。

同居するローゼンブラットに聞くと、教えてくれた。「いろんな国の領事館にビザを依頼しているが、断られているんだ」。同じような境遇の難民たちだった。

「神と共に行け」

「私たちもスギハラさんからビザをもらっていたのだが……」

ポーランドからのユダヤ難民がリトアニアのカウナスからの脱出を探る中、ユダヤ系リトアニア人のソリー・ガノールの父カイム・ゲンキントも出国を覚悟していたという。きょうだいがいる米国のビザは得ていたが、事業の売却が進まず、言葉が通じない地で新たな仕事を探すことへの不安もあった。

踏み切れないうち、情勢は刻々と悪化していく。1940年6月、独ソの秘密協定に基づきソ連軍が進駐を開始。スメトナ大統領は国外に逃れ、粛正に続く同年7月の人民議会選挙では、ソビエト政権が誕生してしまう。

土地や企業、店舗は国有化され、預金は凍結。旧リトアニア政府発行のパスポートも無

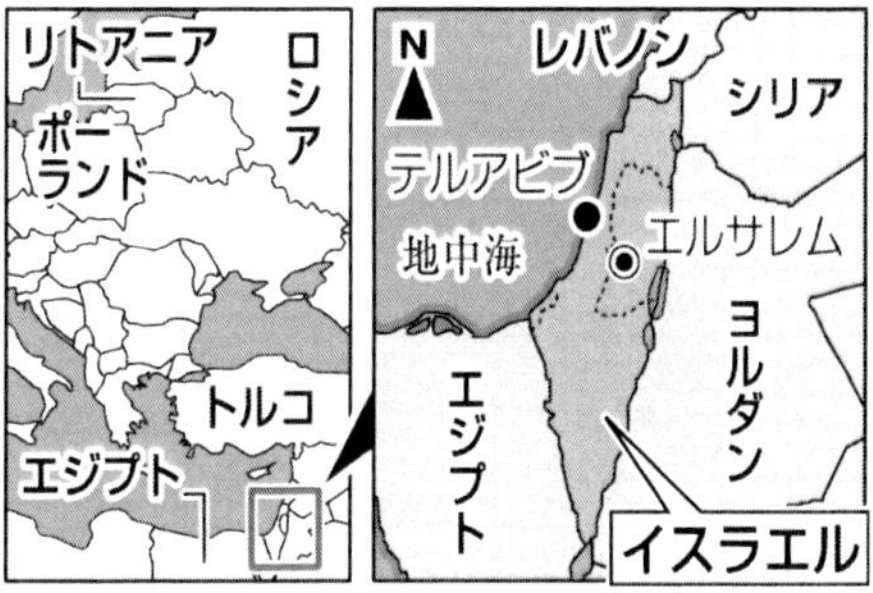

効とされたのだった。

杉原ビザリストにカイムやソリーの名前はないが、同居の難民ローゼンブラットとみられる記載は同年7月29日付に存在する。発給に当たり、千畝は父カイムらと握手を交わした後、ソリーの手を握った。そして、スペイン語でこう言ったとされる。

「バヤ・コン・ディオス」（神と共に行け）

ソリーは、各国の公使館が渋る中でビザを発給することが怖くないのかと尋ねたことがある。すると、13歳の少年に向き合い、こう説いたという。

「怖くない。猟師はけがをした鳥は殺さず、手当てをしてあげるものだ。私の先祖はサムライだから、助けを求める人が来たら助けてあげるんだよ」

ローゼンブラットは国外に逃れることができたとみられるが、カウナスに残ったソリー一家は、翌41年6月のドイツ軍侵攻で、ゲットー（ユダヤ人の強制居住区域）に押し込め

杉原幸子さんと並んで座るソリー・ガノールさん
（1994 年 9 月、八百津町、ソリー・ガノールさん提供）

られる。

パンにも事欠く中での強制労働や子ども狩り。同年10月に郊外の第9要塞でユダヤ人9千人超の大虐殺があった時は、途絶えることのない銃声を聞き続けた。

解放されたのは、ドイツ降伏直前の45年5月。移送されたドイツのダッハウ収容所から陣地構築に駆り出された途中だった。くしくも「スギハラ氏と同じ日本人の顔」を持つ米軍の日系人部隊の兵士たちの手によってなされた。

94年9月、ソリーは加茂郡八百津町の「人道の丘公園」で日系人部隊の元米兵らと再会を果たしている。千畝の妻幸子と並んで臨んだ式典では万感の思いがこみ上げ、涙した。「とても感動的だった」と振り返る。

船員生活や英国留学を経て、現在は妻ポーラと2人でイスラエルで暮らす。これまでに自伝など４冊を出版し、「死んだゲットーの友だちとの約束を守るために書き続けているんだ」と今も朝４時まで書斎兼寝室でパソコンに向かう。

「スギハラさんはユダヤ人の苦しみを見逃さず、ビザを出してくれた。あんな人はいない」と語るソリー。もし、千畝が存命ならば何を伝えるかを問うと、こう答えた。

「もう1回、ハヌカーの祭りに誘うだろうね」

「たいしたことではない」

テルアビブから車で20分。ケファル・サバ市の郊外の閑静な住宅街に住むベルティ・フランケル(79)は、杉原千畝の「命のビザ」で助かった、いわゆる「杉原サバイバー」の一人だ。

「スギハラさんを尊敬している。私を救ってくれたのだからね」と話すベルティ・フランケルさんと妻ニラさん

発給時2歳8カ月で記憶はおぼろげながら、両親から繰り返し聞かされた話を基に、自由への旅路を語り始めた。

「カウナスの日本領事館が通過ビザを出しているらしい。口から口へ、うわさが走ったんだ」

1940年7月30日朝、父親のベンジャミン・ウォルフ・フランケルが領事館にたどり着いた時には、すでに数百人の難民が詰め掛けていた。

これだけいると、発給はいつになるか分からない。ベンジャミンは裏手に回り、庭の水やりのためにドアが開いたのを見計らって、中に忍び込んだ。

台所に人の気配があった。料理をしていた日本人女性が気付き、お辞儀をしてきた。つられて頭を下げるベンジャミン。互いに何度も繰り返した。

領事の所在を尋ねると、女性は階段の方を指差した。ちょうど、水が流れる音が聞こえ、トイレから男が出てきた。

侵入者に驚いた表情を見せながらも、ドイツ語で「おはようございます。どのようにしたら、あなたのお手伝いをできますか」と聞いてきた。静かな声だった。即座に「ビザが欲しい。家族のためのビザが」と訴えた。

男は事務室に招き入れると、ベンジャミン（ビザリスト275番）、妻ペルラ（同282番）、親族2人、さらに領事館の外にいた友人の分までビザを発給してくれた。署名は杉原千畝だった。

何度も感謝を口にするベンジャミン。千畝は笑顔を見せながら「たいしたことではないですよ」と答えたという。喜び勇んで領事館を出ると、発給を待つ人々の中に友人を見つけた。

「もう帰ろう。ビザはできている」。驚く友人にこう言った。「どうやって手に入れたか？

魔法だよ」

ベルティは「大騒ぎだったろう」と父の喜びを推し量る。なぜなら、それまでの道程が過酷だったからだ。

一家はポーランドの古都クラクフのユダヤ人街に住み、ベンジャミンは布地の売買で生計を立てていた。39年9月のドイツ軍侵攻の翌日、危険を感じた家族は東に向かって逃げた。

避難民でいっぱいの道に、ドイツ軍の急降下爆撃機が襲いかかる。「爆弾が落ちて、たくさんの人が死に、傷ついたそうだ」

食べ物は無く、暴力や盗難、レイプが頻発した。ソ連の占領地域を経て、ようやく翌40年1月ごろにリトアニアに到着する。

ベンジャミンはビザを求めて各国の大使館や領事館を回るが、受け入れ国がない。唯一、オランダ名誉領事がビザ代わりに書いてくれた「キュラソー島はビザが不要」という証明を生かすには、日本通過ビザがどうしても必要だった。

ベルティは言う。「ビザは『命の鍵』だった」

孫と歩く「スギハラ・ストリート」

「船内ではリンゴばかりだった。肉はコーシャ(ユダヤ教に従った処理)じゃなかったから、食べられなかったんだ」

厳寒のシベリアを抜け、ウラジオストクで天草丸に乗り込んだベルティ・フランケルは1941年2月、両親らと敦賀港に降り立った。

難民を援助していた神戸ユダヤ協会を頼り、神戸市・北野町の海を望む高台の住宅に身を寄せた。「お風呂が無かったから銭湯に行った。きれいだったよ」

同年4月8日付の兵庫県知事の報告によれば、フランケル一家が住んだ同じ住所には46人が合宿しており、難民でひしめいていた様子がうかがえる。

それでも、ポーランドを出てから1万キロに及ぶ旅路を経てつかんだつかの間の自由。家族は近くの公園や庭を散歩し、郊外の田んぼの風景に癒やされた。「人々は礼儀正しく、会えばいつもあいさつをしてくれた」

その一方で、日本が戦争に備える雰囲気を感じ取っていたという。「歯磨き粉の使用済みチューブを集め、電灯の金属部品を木製に交換していた。鉄砲の弾などにするのだろうか、早く日本を出なければと話していた」

母親のペルラが遺した手記からも、双方の警戒心がうかがえる。

「帰宅途中、日本人の男が近づいてきて、『おまえはスパイだな』と叫んだ。『違う』と答えると、『それなら一緒に家に行こう』と付いてきた。途中、男はかまぼこを買ってくれ、部屋に上がり込んだ。（中略）時々来るので友達になったが、私たちは彼が刑事ではないかと思っていた」

同年7月、5カ月間の滞在を経て、「鎌倉丸」で上海に向けて出港。10月に最終目的地のニュージーランドに着き、「もう逃げなくていい」と初めて安心したという。最初の避難から実に2年が過ぎていた。

港町の首都ウェリントンには、わずかながらユダヤ人社会があった。楽器店の清掃の仕事を得た父ベンジャミン・ウォルフは、言葉も通じない異郷で懸命に働いた。張り切って床にワックスを掛けたため、滑って転ぶ人が相次いだという。

ベルティは戦後、英国を経て69年にイスラエルに移り住んだ。レンタカー会社やＥＵ（欧州連合）関係機関に勤め、息子2人、孫6人に恵まれた。

「私たちのように助かった人は、子孫を入れればイスラエルだけでも何千人、世界だと何万人だろう」

2016年6月、中部ネタニヤ市の海岸近くの通りが「スギハラ・ストリート」と命名されると、翌月に3世代で一緒に歩き、千畝への感謝の気持ちを共有した。

17年2月には自伝を出版。「13歳の孫が読んで『おもしろい』と言ってくれた。スマートフォンにしか興味が無いと思っていたのに」と目を細める。

「スギハラ・ストリート」の看板を前に3世代で記念撮影するベルティ・フランケルさん（中央）（ベルティさん提供）

太平洋戦争下でベルティが抱いた日本への恐怖感はもう無い。逆に「日本に関わりたい。恩返しをしたいんだ」。18年11月、八百津町や福井県敦賀市の訪問を果たした。

日記で亡父の思い知る

黄ばんだ小さなノートには、かつての東欧系ユダヤ人の言語「イディッシュ語」で書かれた文字。本棚の引き出しから見つかった亡父の日記だった。

娘のレイチェル・フライフェルド（ホロン市）は読むことができず、数年前、友人に翻訳してもらった。「読んで衝撃を受けた。そして感動した」

そこには父スピバック・スロル・レイブの封印した過去があったのだった。

書き出しは1941年5月29日の神戸港。商船「まにら丸」で、南アフリカを経由してパレスチナ（当時は英国委任統治領）へ出発する描写から始まる。

「神戸に残った難民たちが見送りに来てくれた。残された人たちはうらやましそうな顔をしていた」「全員がハティクバ（後のイスラエル国歌）を歌って盛り上がった。私たちはパイオニアなのだ」

乗船した52人の多くはナチスの迫害を逃れ、パレスチナでユダヤ人国家建設を目指す「シオニスト」だった。文面から、当時29歳の青年が抱いた気負いが伝わってくる。

あふれる希望の一方で、ホロコースト（ユダヤ人の大量虐殺）が日記に暗い影を落とす。

父親の遺品の日記を手にする
レイチェル・フライフェルドさん

「私が生きているのは、いいことなのか、悪いことなのか。私には分からない。だが、今のこれが現実だ。生きるしかないのだ」

スピバックは11年、ポーランドの小さなユダヤ人町の宗教指導者の家に生まれた。8人きょうだいの長男ながら1人だけ家を出て、ワルシャワで銀行員になった。

39年9月、第2次世界大戦が勃発すると故郷の町はすべて破壊された。残った家族はもちろん、住民全員が森で殺害され、穴に投げ入れられたという。

リトアニアに逃れたスピバックの命を救ったのは、杉原ビザだった。日記に記述は無いが、40年8月1日に発給されたビザが一緒に保管されていた。ビザリストの688番にも名前が残る。

生前、少しでもホロコーストの話題が出ると感情的になり、取り乱したという。触れないようにしていた家族が一度だけ、証言を後世に残そうと録音を試みた時も、語ることはなかった。過去を閉ざしたまま2002年、90歳で逝った。

そんな父が遺した日記だった。家族の安否を気遣って寄港地ごとに手紙を出したり、逃れたリトアニアで恋をした記述もあった。

娘のレイチェルは言う。「何を思い、悩み、恐怖し、心配していたか。あの時の父の心の中がようやく分かった」

レイチェルが杉原千畝と父のつながりを強く意識したのは、まだ1年ほど前。きっかけは、八百津町の杉原千畝記念館や同町の元国際交流員が紹介されたテレビ番組だった。

忌まわしいホロコーストと表裏をなすが故に、語り継がれなかった「命のビザ」の物語もあるのだ。

「今はもっとスギハラさんのことを知りたい。スギハラさんがいなければ、私たちは存在しなかったのだから」。サバイバー2世のレイチェルはそう言って8カ月の孫ラニを抱き上げた。

越境した父を信じて

「国境を何度も何度も越えようとしたけれど、できなかった。威嚇で撃たれ、一度は弾が頭をかすめていったわ」

1939年9月、独ソがポーランドに侵攻。北東部ビャウィストク出身のイタ・アペルバウム(82)は、両親に連れられて隣国リトアニアを目指した。当時4歳。恐怖は今も脳裏に焼き付く。

やむなく父ヒルシュ・オウセヘビチが単独で越境。残された母親チャハと3歳上の姉ディナ、そしてイタの母子3人で国内を転々とした。病気になった時は、咳で兵士に気付か

ひ孫にも恵まれたイタ・アペルバウムさん（右から２人目）

れないよう、シャツで口を覆って歩いた。

幸い、親戚を通じてアルゼンチンのビザは取り寄せていた。「それでも、私たちには逃げ道が無かった。ただひとつの希望は、リトアニアで日本人領事館が、通過ビザを発給しているという情報だった」

ヒルシュは期待に応え、カウナスで書類を整えた。パスポート代わりの身分証の写しが今も残る。分割占領で地図から消えたポーランドの公使館の用紙に、英国のプレストン臨時代理公使が署名する。なぜなのか。

ワルシャワ大日本学科のエバ・パワシ

ユ・ルトコフスカによると、カウナスのポーランド公使館員は同年10月に退去し、不在だった。ソ連が、当時ポーランド領のビリニュスをリトアニアに返還したことへの抗議だった。代わりに難民対応をプレストンらが引き継いでいた。

発行日は40年8月10日で、ちょうど「命のビザ」の発給のさなか。各国の外交官が、それぞれできる範囲で難民に手を貸した様子がうかがえる。

その後のルートから、日本通過ビザを得たことは確実とみられるが、イタのもとに杉原ビザは残っておらず、ビザリストにも名前は見当たらない。8月以降の避難民の多さのため記録を残せず、ビザリストから漏れた可能性もある。

他の杉原サバイバー同様にカウナスをたち、シベリア鉄道を経て日本に入国した。イタは「銭湯に行ったら(着替えが見える)番台に男が座っていた。敬虔《けいけん》なユダヤ教徒の母チャハが『おかしい』と立腹していた」とわずかに日本の思い出を記憶する。

41年4月、移民船「あふりか丸」で神戸港を出発した。74日間かけて祖母のいるアルゼンチンへ。航海中も食料は乏しく、船上で6歳になったイタの体重はわずか15キロしかなかったという。

19歳で結婚し、経済危機を機に2002年、イスラエルに移住。家族によれば、アルゼンチンで杉原千畝は知られておらず、杉原サバイバーが多いネタニヤ市に住んでから、その存在を意識するようになった。

今はアパートで夫シャウル（87）と静かに暮らす。子ども3人、孫7人、そして4歳の双子、ナサンとリアムという2人のひ孫にも恵まれ、「今はすごく幸せ。ひ孫が遊びに来ると、とても楽しいわ」と笑顔を見せた。

「スギハラの勇気持ちたい」

かつてイスラエルで流れていた、第2次世界大戦での不明家族を探すラジオ番組。放送が始まると、父親はいつも耳を傾けていた。

「子どもの私たちも邪魔しないよう静かにしていたわ」。そう話すのは、ネタニヤ博物館長のハバ・アペル（63）だ。

元裁判官の父イスラエル・ヨエル・ツィーメーリング（1979年、59歳で死去）はポーランド出身。1940年8月7日に杉原ビザを取得(ビザリスト1466番)し、神戸港から上海を経て、英委任統治領パレスチナ(現在のイスラエル)にたどり着いている。

ハバによれば、ネタニヤ市北部のハポエル・ハミズラヒ地区には、杉原サバイバー20～30家族がまとまって住んでいた。自身を含む2～3世は、「日本の子」を意味する「ヤパンチキ」と呼ばれた。ユダヤ教の祭りの際に聖典「トーラー」を手に踊る役を担うなど特別な扱いを受けたという。

「子どものころは、訳が分からなかった。それを聞いてはいけないような雰囲気だった」

ホロコースト(ユダヤ人の大量虐殺)と表裏をなす杉原サバイバーの話題が、声高に語られることはほとんどなかった。もちろん、父からは聞いていない。

ハバがヤパンチキと杉原千畝のつながりを強く意識したのは2012年ごろ。杉原サバイバーを探す市の広告がきっかけだった。「私が知っていたのは身内の話だけ。それが、2千通以上のビザを書いていたとは」と驚きを隠さない。

同市南部にある中高一貫の「オートグットマン総合学校」。ホロコーストを含む人道や歴史教育に力を入れる同校は、ハバの提案を受け、16年秋から17年春にかけて千畝をテー

千畝氏をイメージしたオブジェ作りに取り組んだ生徒たち
（イスラエル・ネタニヤ、オートグットマン総合学校）

マにしたオブジェ作りに取り組んだ。

同校の芸術クラスの高1生15人が参加。歴史教諭が戦争や迫害などの時代背景を説き、美術教諭が形にするアイデアを生徒と練り上げた。

タル・バル・マオズ校長は「教科書を学ぶだけでは、若い生徒と歴史はつながらない。アートを組み合わせることで、歴史を〝体験〟してもらえた」と評価する。

包むように地球を支える手、日本語を添えたパスポート、弱々しい手を握る力強い手……。名前にちなんだ杉の木のオブジェ、日本をイメージした鳥居の作品もあった。

参加した生徒の一人、マタン・アルファモン(15)は、制作過程で曽祖父が杉原サバイバーだったようだと初めて父親から聞かされた。

「スギハラさんがいなければ、私もいなかった。完璧な作品を作りたいと思った」。ビザを手に台座の上に立つ千畝像を仕上げ、「私もスギハラさんのような勇気を持つ人になりたい」と表情を引き締めた。

ネタニヤでの千畝の顕彰は、16年の「スギハラ・ストリート」の命名など、まだ始まったばかり。ハバは力を込める。「子や孫にも語り継いでいきたい。もちろん、ヤパンチキは同じ思いでいると思う」

第７章　名誉回復

名誉回復の際に除幕された外務省外交史料館
にある杉原千畝氏の顕彰プレート

生誕地をめぐって

リトアニアのカウナスで2017年9月に開かれた「スギハラ・ウイーク」。顕彰イベント最終日の祝賀会で、八百津町長の金子政則に話し掛ける男性がいた。

ベルギー在住の杉原千畝の四男、伸生だった。一連の行事の中で「(千畝の)出生地についてどう思われますか」とただし、金子が「私は八百津だと思っております」と答える一幕があったばかり。ワインを勧められた金子は、覚悟を決めて向き合った。

伸生は16年、千畝の旧本籍地の実家跡に町が「生家跡」と看板を立てたのに疑問を抱き、戸籍を調べた。そこには、出生の場所として「武儀郡上有知町」(現在の美濃市)とあった。地番をたどると、祖父の勤め先近くの寺だった。

訂正を迫り、八百津町による国連教育科学文化機関(ユネスコ)の「世界の記憶」への申請にも異議を唱えたのだった。

一方の八百津町。妻幸子ら親族の証言や生前の雑誌記事、里帰り出産の慣習から、同町北山の母親の実家で生まれたという見解を崩さない。金子は言った。「仲生さんも頑固ですけど、これについては私も頑固です」

ただ、根拠の一つだった「八百津町の名古屋税務監督局官吏の家に生れた」という手記は申請を取り下げ、申請書からも「生誕地」という表記を削った形での再提出を余儀なくされた。

亀井士郎さんの父親が千畝氏から贈られたと伝え聞いているロシア語辞書

町が依頼した鑑定では、別の手記の修正箇所も含めて本人の筆跡と判定されていたが、係争案件は審査が保留にされる恐れがある。町の担当者は「むなしさはあったが、登録を優先させた」と打ち明ける。

金子の自宅に近い商店街の老舗履物店。店主の亀井士郎（71）

は、曽祖母が千畝の父好水のきょうだいという遠縁に当たる。

父秋彦（約40年前に61歳で死去）は名古屋市出身ながら、外交官の千畝に憧れ、「おじさんのようになりたい」と旧満州（現在の中国東北部）のハルビンに渡った。

そこで、「これで勉強しろ。私のようになれるかどうかは知らないけれど、頑張れ」と分厚いロシア語の辞書を贈られたという。読み込んだ「ダーリ露語大辞典」（１９３４年発行）など複数が今も亀井宅に保管されている。

やはり遠縁で同町内の伊藤絹子は52〜53年ごろ、千畝の義妹が役場前で営んだ商店で千畝に会ったことがある。土産のマシュマロは、戦後間もない当時の八百津では味わったことのない食感だった。

町内にはこうした縁者の家が何軒かある。千畝は初婚間もない32年に親族と蘇水峡で舟に乗り、戦後も何度か町に姿を見せている。「顕彰が始まっても違和感はなかった」と亀井は言う。

金子の「頑固」の背景には、こうした町民の記憶や30年近い顕彰の積み重ねがある。だが、確かに戸籍という公文書は残る。平行線のやり取りを続けるうち、金子は感極まった。

「『世界の記憶』になることを応援してください」。いつしか涙ぐんでいた。人類が後世に残すべき記録物の保存、公開を促す「世界の記憶」。真正性を重視する登録制度への申請は、思わぬ波紋を広げた。

雑貨店、翻訳業……職を転々

「今般貴官に御退職を願ふに至りました事情に就ては既に充分御諒察下さいました事と存じますが、大変長い間御苦労様でした」

1947年4月、杉原千畝はルーマニアでの抑留を経て、シベリア鉄道経由で祖国の土を踏んだ。そして外務省から6月13日付の退職通知書を郵送で受け取った。新憲法が前月に施行され、日本が再出発に動き出した時期だった。

妻幸子の著書『六千人の命のビザ』によれば、呼び出された同省から戻った千畝の表情は暗く沈んだように見えた。高官から「例の件によって責任を問われている。省としてもかばい切れないのです」と言われたという。

92年3月、衆院予算委の分科会で渡辺美智雄外相（当時）は退職理由について、「訓令違反で処分されたという記録はどこにもない」「（昭和）22年には外務省の人員の3分の1が解雇されたそうです。（中略）特に不名誉な話ということは私は全く聞いておりません」と答えたが、千畝の受け止めは異なる。

「博愛人道精神から決行したことではあっても（中略）本省訓令の無視であり、従って終戦后《ご》の引揚げ帰国と同時に、このかどにより47歳で依願免官となった」（手記より）

千畝氏が戦後の一時期に営んだ店「ヨルカ」（神奈川県藤沢市、杉原哲也さん提供）

その年の11月、カウナスで生まれた三男晴生が急逝。翌年には欧州に同行した妻の妹節子も亡くなるなど不幸が重なった。千畝はビザ発給から続くこの時期の一連の記憶を長く封印することになる。

職を失った千畝は、家族を養うため、進駐軍のＰＸ（売店）のマネジャー、文献の翻訳、服地を扱う商社勤務と職を転々とする。

自宅を構えた神奈川県藤沢市鵠沼の駅前に「ヨルカ」という店を開いたこともある。ロシア語で「モミの木」の意味。おいの杉原直樹が店頭に立ち、千畝は仕入れを担当した。化粧品やせっけん、電球、文具、バットなどの雑貨を扱っていたが、直樹の長男哲也（55）は「あまり、もうかりはしなかったようだ」。直樹の父一成は旧満州で戦死しており、千畝は直樹の父親代わりのように面倒を見ていたという。

55年7月ごろ、当時大学生で千畝の長男弘樹の友人だった米国在住の川島義之（82）は、杉原家に1カ月滞在した。「小生も外交官志望だったので、聞きたいことは山ほどあったが、大変無口な方だったので、話を続けるのに苦労した」と振り返る。

「ストイックな侍のような威厳が漂っていた」という千畝は、早起きして午前中は新聞をくまなく読み、日中は庭掃除や畑仕事をして過ごしていた。

「縁側で庭を見ながら聞いた話は、満州の話とか、ロシア語を勉強した時の話が主で、ヨーロッパの話は一切されなかった」。もちろん、「命のビザ」には言及しなかった。

2017年5月、川島はヒューストンのホロコースト博物館であった映画「杉原千畝スギハラチウネ」の上映会でのスピーチで、千畝の心境をこう説いた。「その当時は不名誉な思いで暮らしていた」

モスクワで商社勤務

「赤の広場」から約3キロ西のモスクワ川沿い。スターリン様式と呼ばれる尖塔《せんとう》のあるウクライナホテルがそびえ立っていた。

その高層階に共産圏との貿易を手掛けていた商社「国際交易」の事務所があった。「大きなエレベーターで、ガタガタと上がっていくんですよ」

ソ連担当だった福島市在住の岡本易《やすし》(82)は1975年ごろ、東京・代々木の本社からモスクワ事務所を初めて訪れた。

待ち受けていた白髪の老紳士が、所長の杉原千畝だった。整然とした机には、数冊の本とわずかな書類があるだけ。理由はすぐに分かった。「全部、頭に入っているわけですよ」対共産圏貿易で杉原の名を知らない人はもぐりと言われた。巧みなロシア語で、進水式の祝詞を訳して出席者を喜ばせた機転と語学力は語り草だった。

資本主義国の人間では取得の難しい長期ビザを持つことから、見本市や取引の際、日本から赴く社員の受け入れ役を含め古希を過ぎても駐在を続けていた。岡本はハルビン学院で千畝からロシア語を学んだ先輩に会社を紹介された縁もあり、「先生」と慕った。

当時、漁網や船舶用ロープの取引を担当していた千畝と一緒に漁業省に赴いた時のこと。部屋に通されると、高官が直立不動で出迎えた。敬意がはっきりと伝わった。

「今から思えば、ユダヤ難民を助けたことも、満州国外交部時代の対ソ交渉で大幅譲歩を引き出してペルソナノングラータ(好ましからざる人物)とされたことも、ソ連の幹部はみんな知っていたんだな」

ただ、寡黙な本人はこうした手柄話は一切しなかった。当時は「命のビザ」の人道行為も日本国内ではほとんど知られていない。会社関係者を愛用の小型車で出迎えた後に、「何で吸い殻の掃除をしなきゃならんのか」とこぼす悲哀も垣間見た。

60歳から単身、モスクワに渡っての商社勤務は、かつて身を置いた外交の舞台とは異なる世界。住まいは鉄骨にパネルを貼り付けたような簡素なホテルで、つつましく暮らしていた。

ある時、岡本は「僕の健康法を教えるから、付き合ってくれない？」と車で郊外に連れ出された。茂みに分け入り、背丈ほどのやぶを両手をかき分けていく。「汗をかくとシャツを脱いでね。たくましいんだな。後を付いていくのも大変だった」

帰国を控えた当時77歳の杉原千畝氏。住まいにしたホテルミンスクの部屋で（1977年春、モスクワ、岡本易さん提供）

引き際が迫る77年3月、後任として目を掛けた岡本宛ての手紙では、釣り具の売り込みなど新事業の構想を明かしながら、「こんな事を次ぎ次ぎ考へていると、結局、隠居して名古屋地方の親戚や旧友を歴訪する機会をそれこそ失ってしまうので迷っている」と率直な思いを伝えている。

77～78年にモスクワを去る前、千畝は「日本に帰ってロシア語教室でも開こうと思っている。手伝ってくれないか」と持ち掛けてきたという。実現こそしなかったが、世の役に立つ道を探り続けていたようだった。

ロシア語学校の後輩

「俺の先輩ですごい人がいるんだよ。これ読んどけよ」

ゴルフ場からの帰り道。名古屋市の建築家、伊井伸(70)は、名古屋・栄の地下街「セントラルパーク」社長（当時）の伊神孝雄から、車内で1冊の本を渡された。1988年ごろのことだ。

ゲルハルト・ダンプマン著『孤立する大国ニッポン』で、巻頭に「四千人のポーランド人の命を救い、そのために祖国の不興をこうむった杉原千畝氏に捧ぐ」とあった。

伊神孝雄さん（伊神忍さん提供）

文中でも戦後の処遇を疑問視し、「なぜ、杉原のような外交官を表彰せずに、追放してしまったのか、なぜ彼の物語は学校の教科書の中で手本にならないのか」と指摘していた。

たまたま手にしたという伊神は、千畝に興味を持つ。経歴を調べると、偶然にも旧満州のロシア語専門学校「ハルビン学院」の先輩。千畝は聴講生としてロシア語を学び、後に教べんも執った。伊神は18期生だった。

「よし、俺がやってやる」。１週間後には伊井を引き連れ、八百津町の役場に記念碑建立を持ち掛けた。千畝の家族から出身地と聞いたからだった。

当時の町幹部は「降って湧いたような話だった」と振り返る。伊神は町長の荒井正義に面会を求め、「１ヘクタールほどの土地を貸してほしい」と訴えたという。

何が伊神を突き動かしのか。「やっちゃいけないことでもやってやろうという反骨精神に共感したんやないかな」と息子の忍(64)は推し量る。

木曽川に近い愛知県草井村(現在の江南市)に生まれ、旧制一宮中、南満州鉄道勤務を経て軍隊へ。激戦のニューギニア戦線を生き延び、「戦争はいかん」が口癖だった。

忍によれば、戦後は新聞記者をしながら借家で戦災孤児を養い、在日朝鮮人に仕事の世話をした。県議選に二度打って出て、落選の憂き目も味わった。

こうした半生からか、大陸的なおおらかさと人情味、そして突拍子もない発想を幅広い人脈で実現させる突破力が持ち味だった。「テレビ塔の下に地下街を造ろう」と、つてをたどって竹下登建設相(当時)に掛け合ったことも。本当に造り上げ、中部財界に名をはせた。

一方の八百津町。役場で千畝の名前が最初に挙がった時期は、もう少し前にさかのぼる。学習雑誌に同町生まれの記載があったのを機に、86年の9月議会で、名誉町民にする考えがないかをただす一般質問があった。

「杉原千畝って誰だ」。執行部が最初に調べたのは、戸籍だった。

確かに、戦後に神奈川県に居を構えるまで本籍は八百津町。出生地を武儀郡上有知町とする記載はあったが、八百津小学校前の実家の存在や、父親の町議経験が判明し、戦後も訪れるなど町に心を寄せていたことも分かってきた。

元町幹部は言う。「生まれがどこやとかは眼中に無かった。それよりも、国に逆らった人を行政である町が顕彰していいのか、という話だった」

知れわたるきっかけ

「お年は召していたが、眼光は鋭かった。住まいは質素だったな」

1989年5月。建築家の伊井伸は、エルサレムのゾラフ・バルハフティク宅を訪れた。セントラルパークの伊神孝雄社長（当時）の秘書役として、同行したのだった。

バルハフティクは、ユダヤ難民を代表して杉原千畝に「命のビザ」の発給を直談判した人物で、48年のイスラエル独立宣言の署名者の一人でもある。宗教大臣も長く務めた。

その場で伊神が「杉原さんの公園を造る。日本にどうしても来てほしい」と自らの構想に協力を求めると、「今までもそう言ってくれた人はいたが、本当に実行してくれるのか」

と念を押された。

八百津町との話はまとまっていなかったが、伊神は「責任を持ってやります」と言い切った。

ポーランド出身のバルハフティクは、ドイツ軍の侵攻で身重の妻ナオミらと隣国リトアニアに逃れた。40年2月、厳寒のカウナスで生まれ、現在77歳の長男イマヌエルは、「私の命があるのは、スギハラさんのおかげだ」と感謝を口にする。

ゾラフ・バルハフティクさん
（大正出版提供）

送り出した同胞はもちろん、親子を救ったのも、「命のビザ」だった。杉原リストによれば、同年7月30日（４５５番）と8月19日（１９４６番）に各1通の発給を受け、同年10月に福井県の敦賀港に上陸。氷川丸で北米に渡っている。

そして69年、バルハフティクと千畝は、エルサレムで再会を果たす。大正出版社長の渡辺勝正によると、バルハフティクは再会時まで、訓令に反して発給されたものだったことを知らなかったという。

98年の取材時の録音には、通訳の言葉と共に肉声が残る。「日本（国）が許可を出したことだと（再会まで）ずっと思っていたので驚かされた。てっきり日本政府がビザを出して救ってくれたと思っていた」

同時に、当時の外務省内でささやかれた「ユダヤ人から金をもらってビザを出した」というわさを「多額の金を払った事実は無かったし、実際にお金が無かった」と明確に否定した。

バルハフティクは恩義を忘れなかった。「父はスギハラさんが『諸国民の中の正義の人賞』（ヤド・バシェム賞）に認められるよう努力した。書類も送っていたはずだ」とイマヌエル。同賞は、ホロコースト（ユダヤ人の大量虐殺）から危険を顧みずに守った人にイスラエル政府から与えられる。審査を経て85年1月、日本人で初めて千畝に同賞が贈られた。

在日イスラエル大使館であった授与式には、千畝に代わり、妻幸子と長男弘樹が出席した。海外メディアにも報道され、「命のビザ」のストーリーを世に知らしめるきっかけになった。千畝が亡くなる前年のことだった。

イマヌエルは「受賞が決まって、父は喜んでいた。認められなければ心が休まらなかったただろう」と話す。

八百津町に「人道の丘」

杉原千畝顕彰の動きは鈍かった。八百津町議会で12期目の古参町議、三宅和行（75）が、記念碑構想が持ち込まれた当時を振り返る。

「当時は身内を戦争で亡くした人もおり、『国に逆らったなんて、国賊やないか』という有力者もいた。人道、人類愛といっても広まらなかった」。元号が昭和から平成に変わる1989年ごろのことだ。

伊神孝雄に協力し、町議会に説明に赴いた川村一正（元第一グランパレホテル社長、故人）は、同じハルビン学院OB（14期）。終戦直後に岐阜駅前の通称「ハルピン街」の開設に参加した旧満州からの引き揚げ者だった。

後の寄稿文には「八百津町で杉原氏の事を知る人は誰ひとりなく、（中略）『そういわれれば、杉原という家があったなぁ』の程度だった」と記している。

だが、「人類愛の鏡として世界に通ずる」という伊神の再三の説得を受け、当時町長の荒井正義は公園建設の意志を固める。

候補地に浮上したのは、丸山ダムの住民移転先になった高台。標高約270メートルの中央付近が空いていた。建築家の伊井伸は、木曽川や八百津の町並みを見下ろす眺望をひと目見て気に入る。イスラエルで訪れた千畝の顕彰地と雰囲気がそっくりだったからだ。

荒井は古巣の岐阜県に協力を求め、梶原拓知事（当時）に命名を依頼した。場所の説明を聞き、少し考えた後に「じゃあ『人道の丘』だな」と名付けたと、三宅は伝え聞いている。これを機に、県も本腰を入れ始めた。

機運を高めるため、91年に岐阜市での国際シンポジウム開催に尽力した元県職員の河田憲雄（82）は、「せっかく岐阜県の人なんやから、岐阜県でやろう」と当時副知事の秋本敏文（77）からハッパをかけられたと記憶する。旧制中学卒業まで約10年間を過ごした名古屋と競わせる動きがあったのだという。

外務省にも変化があった。ソ連から独立したリトアニアとの国交回復（91年）にあたり、当時外務政務次官の鈴木宗男が同年10月、千畝の遺族に謝罪した。訓令に反した人物の顕彰を懸念していた当時の町幹部は、「国の和解は済んだで、安気にやってもええで」と荒井に声を掛けられたという。

こうして、千畝の死去から6年後の92年8月、伊井が設計したパイプオルガン風のセラミック製モニュメントが建つ「人道の丘公園」が部分開園した。雨に見舞われた式典には、伊神はもちろん、ビザの発給を受けたゾラフ・バルハフティク、元首相の竹下登ら千畝を慕う人たちが顔をそろえた。

妻幸子はこうあいさつした。「主人は常々、八百津に来たいと言っておりました。きょうはここに来ているのではないかと思います」

翌日、伊神は珍しく「疲れた、調子が悪い」と訴えた。病院を受診すると、がんが見つかり、3年後に76歳で亡くなっている。追悼集に荒井は「重ねて申します。〝人道の丘〟の建立は伊神さんあっての成功でした」と感謝の気持ちをつづっている。

手紙につづられた郷愁

「乙羽っ！ お互い随分永く音信がなかったね！」

1973年12月、杉原千畝が氷点下18度のモスクワから身内に送った手紙は、弾むような筆致で始まる。

相手は年の近い弟。病気見舞いで執ったペンは、当時73歳と72歳というお互いの老境をいたわり合う中で、やがて幼少期の回想へと移っていく。

「早く日本生活に戻って昔懐かしい小学校、中学の生き残っている旧友と往来したい」

「出来るだけ頻繁に、八百津へも北山へも中村（現岐阜県可児郡御嵩町）へも行ってみたい」

八百津は千畝の実家があった旧本籍地で、かつては木曽川の川湊で栄えた地区。芝居小屋「栄座」や旅館が立ち並び、芸妓が50人ほどいた時期もあった。

続く北山は実家から4キロほど離れた母やつの古里を指し、千畝の出生地とも伝わる。

八百津とは山を隔てた中村が出てくるのは、乙羽が6歳の時に亜炭坑を手掛けていた同町の村瀬家へ養子入りしたためだ。

手紙は一緒に中村周辺で遊んだ思い出に続き、北山と八百津の話へ。「北山に付いても沢山の思い出がある。母の里だもの。唯、訪ねて行っても昔の話の分るのはシキ（和知かどっかにいるかな）位いで、却って淋しい印象を受けて山を去るのがセイゼイかな」

同地区を眺めることができる100坪以内の土地を購入し、小さな別荘を建てる夢もつづる。実際、愛知県にいたおいの杉原直樹に土地探しを頼んでいた。

千畝は税務署職員だった父好水の度重なる転勤で、尋常小学校時代には岐阜県恵那郡中津町（現中津川市）や三重県桑名市、名古屋市などへと転校を繰り返した。幼少期を八百津で過ごしたといわれているが、どの程度居住したかは判然としない。

ただ、思い出の文脈から話題を変えたあたりに、郷愁を示す一文がある。

「八百津の山山がトテモ懐かしくなった」

手紙を書いたのは、60歳から始まった単身のモスクワ勤務の区切りを考え始めた時期だった。

愛知県に住む乙羽の三男（63）は、伯父千畝の出生地を戸籍に従い「上有知（現美濃市）で間違いない」とみる一方、「あの手紙が千畝さんの思いのすべて」と考える。

山あいにある北山地区。丘陵に向かって棚田が広がるのどかな風景の一角に、千畝の母の実家がある。家族によれば、千畝らの幼少期は夏休みごとに親戚の子どもたちが集った。「ご飯を食べさせるのに大騒動やったと聞いた」

家の裏には、山の中腹の横井戸から引いた湧き水が流れる。遊びから戻った子どもらが喉を潤した水は、夏でも15～16度と冷たい。

母やつの実家裏にある湧き水
（八百津町）

千畝の長男の妻美智は、晩年、病床の千畝が「八百津で死にたい」「あの水が飲みたい」と話すのを聞いた。死後間もなく、妻幸子と水をくませてもらい、墓石にかけたこともあるという。

議論のある出生地はともかく、郷里としての思いはやはり八百津にある。湧き水を引いた池では、アマゴが悠々と泳いでいた。

葛藤と決断を教科書に

「杉原千畝という人を知っていますか。この人、八百津の出身でね」。きっかけは、けがの見舞いに来てくれた教え子が持参した、八百津町の広報誌だった。

元日本福祉大学教授で、当時、大垣商業高校の英語教諭だった大垣市の安藤冨雄は、第2次世界大戦下での人道精神や葛藤の末の決断という物語に興味を抱く。

関連書籍を調べると、『孤立する大国ニッポン』の中で、「なぜ彼（杉原）の物語は学校の教科書の中で手本にならないのか」と指摘されていた。「これは学校で教えなくてはいけない」

教師仲間でつくる研究会に呼び掛け、3カ月で高1向けの教材を作り上げる。1992年7月初版発行の副読本『The Story of Chiune Sugihara』（三友社出版）だった。

戦後のユダヤ人と千畝の再会から始まり、大戦下の迫害、日本人外交官の苦悩を平易な英語でまとめた。「岐阜県内の学校で使われればいい」と考えていたが、使用校は北海道から沖縄まで全国に及んだ。反響を受け、同じ出版社社長らから英語教科書への掲載を持ち掛けられる。

「検定に通るのだろうか。なにしろ国の命令に逆らったのだから」と心配したが、文部省（当時）の担当者は「とてもいい話ですね」と逆に評価してくれたという。

こうして94年から高校1年向けの「ＮＥＷ ＣＯＳＭＯＳ」（現在は「ＣＯＳＭＯＳ」）に載るようになった。「命のビザ」の話が、まとまった形で教科書に掲載されるのは、これが初めてだった。

神奈川県内の杉原家に届けると、妻幸子が思い出話をしてくれた。外交官の職を失った後、千畝は「郷里の岐阜県に帰って中学か高校の英語教師をしようか」と漏らしたことがあったという。そして、「草葉の陰で喜んでいると思います」と礼を言われた。

交流を重ねた安藤は、生誕１００年の２０００年、外務省外交史料館であった河野洋平外相（当時）による名誉回復の場に招かれている。

式典が始まる直前、河野は幸子に歩み寄り、「いろいろご迷惑をお掛けしました」と深々と頭を下げた。安藤は真後ろでその光景を見ていた。続くあいさつでも外務省側の非礼を認め、幸子は「スッキリしました」と満足そうだったという。

リトアニアを9回訪れるなど千畝に関わり続けた安藤は、最近の「杉原ブーム」を懸念する。「偉い人」「すごい日本人がいた」という評価で終わっていると感じるからだ。

公の立場と個人の良心の板挟みになった時にどうするか。なぜユダヤ人が迫害され、なぜナチスが台頭したのか。そして、戦争が始まると何が起きるのか。

「そういった教訓をどう伝えるかが抜けていないか。功績を伝えるのは、『世界の記憶』だけではない。子どもたちに人道主義を教えるのは、教師や社会の使命ではないか」と次世代に語り継がれるよう願っている。

署名付きビザ、八百津の宝

「大切に保管してくれてありがとう」

２０１７年８月、八百津町の杉原千畝記念館を訪れた米国在住のシルビア・スモーラー（85）は、自身と両親を救った「命のビザ」に久しぶりに向き合った。町が所有する唯一の杉原ビザ。国連教育科学文化機関（ユネスコ）の「世界の記憶」登録申請の原点になった町の宝には、千畝自筆の署名が残る。１９９３年に寄贈された実物を「杉原ウイーク」に合わせて18年ぶりに展示したのだった。

館内見学に連れ添ったスモーラーの息子が、孫にホロコースト（ユダヤ人の大量虐殺）や迫害の歴史を教えている。その姿を見て「私たちはスギハラさんに命を救われた三世代。孫に伝える機会を得て、感慨深い」と喜んだ。

寄贈した「命のビザ」を見学するシルビア・スモーラーさん

ホロコーストの展示は、２０１５年のリニューアルで導入部に据えた。全体の４分の１近くを占める。「一番大事なのは、こういった歴史を繰り返さないこと」と館長の国枝大索は力を込める。

開館（2000年）の開設準備段階から関わった国枝は、八百津町企画課の職員として、展示する資料を探し歩いた。

戦前戦後合わせて約10万冊の外交文書ファイルを所蔵する外務省外交史料館（東京都港区）では、大量の外交電文をめくった。何度も通ううち、職員が「欲しいのは、こういうのでしょ」と印を挟んだファイルをそっと置いてくれるようになった。

印象に残ったのは、1940年8月16日付の松岡洋右外相名で千畝に送られた電報第22号「避難民ノ取扱方ニ関スル件」。杉原ビザで日本に向かった避難民が、続々とウラジオストクにたどり着きだした時期だった。

その中で、「処置方ニ困リ居ル事例アル」として、「避難民ト見做《みな》サレ得ヘキ者」の場合、行き先国の入国手続きや旅費の無い者には通過ビザを与えないよう求めている。

着の身着のままの難民が、十分な資金を持ち合わせているはずがない。「事実上、出してはいけないという指示。同盟関係のドイツへの配慮なのか、押し寄せる難民を問題視したのか。調べれば調べるほど、疑問ばかり出てきた」

「世界の記憶」の申請前には、獨協大の協力を得て、スモーラーのビザを詳細に分析した。すると、カウナスの英国公使がスモーラーの母の名前を書き足したり、リトアニアが滞在ビザを出すなど手助けした様子が浮かび上がってきた。

「各国の外交官たちもできる範囲で手を貸している。ただ、できる範囲を超えたのが、千畝さんだった」

来館者数は年1万5千人程度だったが、映画「杉原千畝 スギハラチウネ」が封切られた２０１５年は5万人。「世界の記憶」に申請した16年も４万人が訪れ、総計では、18年8月に40万人に達した。イスラエルからも年２千人ほどが訪れる。

今回の「世界の記憶」の登録こそ逃したが、国枝は「記念館の活動は17年間、一貫して変わらない。人道、人権、平和の大切さを知ってもらう活動を続けていく」と強調した。

児童が命のビザ創作劇

「聞こえていますか、日本の領事さま！」「私たちにビザを与えてください！」

新作の創作劇「イェフダーと七つの灯」の練習に励む八百津小の児童たち
（2017年、八百津町ファミリーセンター）

ホールに子どもたちの叫び声が響く。八百津町の八百津小学校が取り組む創作劇「イェフダーと七つの灯」の練習の一こまだ。

現代の八百津の子どもたちが、時空を超えて1940年7月のリトアニア・カウナスに迷い込む。日本領事館前に集まったユダヤ難民の子どもたちとの交流を通し、当時の迫害やビザ発給の決断を目の当たりにしていく物語だ。

岐阜市在住の演出家、小島紀夫（51）が総合プロデューサーになり、2017年1月、11年続いた「メノラの灯」に代わって初演。今は5、6年生の計45人が、同年11月25日の「ひびきあい集会」に向けて練習を重ねている。

ユダヤ人少年のイェフダー役を演じる6年生、臼田紗彩（11）は「千畝さんの生き方と決断をイメージしながら、素晴らしさを伝える劇にしていきたい」と意気込む。

杉原千畝の実家跡に近い同校が、千畝をテーマにした創作劇に取り組むようになったきっかけは、2006年にさかのぼる。文部科学省の「人権教育研究指定校」の公表会を翌年に控え、全国から集まる教員に郷里の偉人、千畝を紹介しようという発案から「メノラの灯」が生まれた。

脚本は加茂高（岐阜県美濃加茂市）演劇部の顧問が書き、児童が合唱曲の詞を考えた。「役を決める段階で、どういう気持ちでやったらいいかを話し合う。外交官や避難民という立場をいかに理解させるかを担任の先生にやっていただいた」と当時校長の酒向三冬（68）。児童は杉原千畝記念館に再現された領事館の執務机に座るなど、何度も同館に通って歴史や時代背景を学び、イメージを膨らませたという。

岐阜市の未来会館（現ぎふ清流文化プラザ）であった本番は大成功。会場から拍手を受けて子どもたちは達成感に満ちた表情を見せた。「これで終わりにしてはいけない」という声が子どもや親、教員からも高まり、各地に呼ばれて演じるまでに。「あの劇が、自ら翼を持って羽ばたいてくれた」と酒向は喜ぶ。

取り組みは、伝統になった創作劇だけではない。低学年は音楽会で千畝の歌を歌い、5

年生は福祉施設に「人道の花」と名付け育てた花を届ける。17年9月には、空き教室に千畝に関する学習成果を展示する「人道の部屋」を設けた。学校を挙げて千畝の人道精神を学んでいる。

現校長の納土良雄(58)は「子どもたちに『町が一番大切にしていることは何?』と聞くと、『人道博愛精神』と返ってくる。仲間を思いやる気持ちは、子どもたちの姿にも出ている」と手応えを感じている。

人権教育を「人道教育」として取り組む八百津町。17年8月、「杉原ウイーク」に開かれた「児童・生徒会サミット」では、町内の小中高校の代表が、いじめを無くすための実践を発表した。

気持ちの温かくなる「ほかほか言葉」や、あいさつ運動など取り組みは多彩。傍聴した「命のビザ」提供者のシルビア・スモーラーは「スギハラさんというヒーローに向かって活動していることを知って感激した」と感想を述べた。

77年前に千畝がまいた人道の種。30年近い顕彰の積み重ねを通し、郷里の八百津で芽吹き、着実に根を張っている。

第８章　現代の難民

テントで暮らすシリア難民キャンプの子どもたち（ギリシャ・テッサロニキ近郊、白子順子さん提供）

難民認定の狭い門戸

家を焼かれ、逃れた母の実家でも夜ふけに男たちに踏み込まれた。連れ出された森で、銃床や竹の棒で殴られた。「もう終わりかな」。死を覚悟した。

２００６年、民主化でネパールの王制が倒れると、国王を支持する政党青年部のリーダーだったケーシー・ディパック（38）は、転向を迫られた。やむなく祖国を離れた。「世界で一番いい国、安全な国」と聞いて向かった日本での生活は、惨めなものだった。お金が無く、橋の下で寝泊まりしたことも。空腹になると、公園の水でしのいだ。滞在期限を過ぎたため、働くことはできない。身分証明も健康保険も無い。「何もできないんだ」。米国に住む姉の送金でアパートに住むようになったが、出歩く時は収容を恐れ、人目を避けた。

状況が変わったのは、15年４月の難民認定だった。弁護士やＮＰＯ法人「名古屋難民支援室」のコーディネーターで可児市在住の羽田野真帆（28）らが手伝い、３年がかりでこ

難民認定までを振り返るケーシー・ディパックさん（左）と羽田野真帆さん

ぎ着けた。診断書や拘束を報じる現地紙など提出した書類を積み上げると、高さ50センチにもなったという。

今は香辛料や食料品を扱う商店を愛知県豊川市で営み、地元ネパール人会の代表にも就いた。18年1月には、レストランを開業。「子どもも欲しいな」と夢は広がる。

だが、ケーシーのような例は、一握りにすぎない。難民申請が増え続ける一方で、認定の門戸は狭い。名古屋入国管理局には16年、2645人の申請があったが、認定はわずか7人。こうした日本の現状をNPO法人「難民支援協会」（東京）は「世界でも類をみない極めて少ない認定数」と指

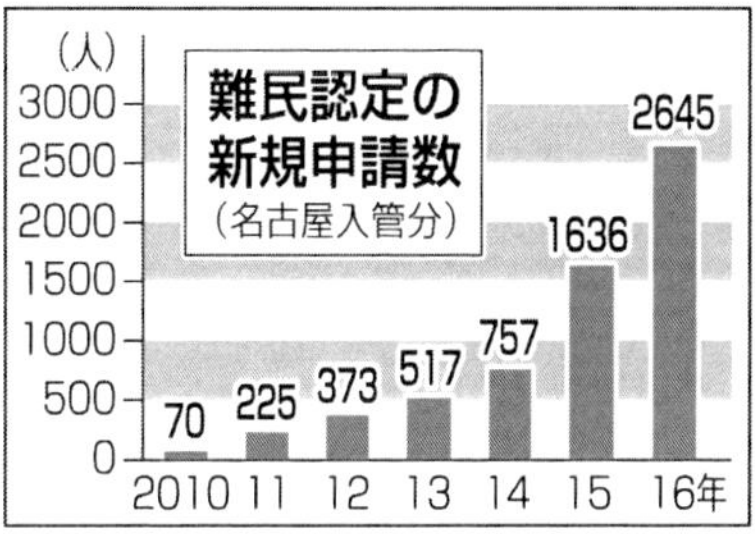

摘する。

17年12月2日、名古屋市の南山大学で開かれた移民政策学会のシンポジウムでケーシーは訴えた。「私みたいに困っている人は、ネパールにたくさんいる。温かい心で助けてほしい」

名古屋難民支援室には16年度、シリアやトルコ、スリランカなど18カ国の76人から新たな相談があった。迫害や帰国できない理由を聞き取って陳述書にまとめるが、言語や文化の違いから、終電までかけても数行しか進まないときもある。

同室副代表理事の川口直也弁護士は「個別事件としての解決では膨大なマンパワーが必要で、限界がある。政治で仕組みを変えていくべき」と考える。

12年の同室創設時から働く羽田野は、小中学生の一時期を米国で過ごした。パレスチナ人やアフリカ系を含む多様な人種との交わりに心地良さを感じ、学生時代から難民支援に関わった。

加茂郡八百津町の杉原千畝記念館には、何度も足を運んでいる。志のある個人の行為で救われる人がいることに力をもらってきた。

「日本に求められるのは、武力より（文化や政策で国際社会の共感を得る）ソフト・パワーで世界をリードすることではないか」

シンポではケーシーに寄り添い、こう提言した。「難民の受け入れを考えることは、私たちがどういう社会をつくっていきたいかを考えること。申請が増える中、議論が必要なのではないでしょうか」

【難民】 難民条約は「人種や宗教、国籍、特定の社会集団、政治的意見を理由に迫害を受ける恐れがあり、国外に逃れた人」と規定。国連難民高等弁務官事務所（ＵＮＨＣＲ）によると、２０１６年末の世界の総数は過去最多の２２５０万人で、最多の発生国はシリア（５５０万人）。日本には同年、1万９０1人の難民申請があったが、認定は28人にとどまった。

シリア内戦下の子どもたち

両親に付き添われ、テント張りの診療所に少女が訪ねてきた。ギリシャ北部のシリア難民キャンプ。エピーヌという名の12歳は、体は元気なのに声が出ないという。

診察した高山市の内科医、白子順子（58）の問い掛けにも、ほほ笑み返すだけ。両親の話から、ようやく原因が浮かび上がった。

内戦下のシリアで授業中に学校が攻撃され、クラスの友達全員と担任を亡くしていた。自身は軽傷で済んだが、救出までの２～３時間、血まみれの級友がいる現場にいた。以後、言葉を失ったのだった。

白子順子さん

２０１６年５～６月、ドイツとフィンランドの赤十字社チームの医療支援に加わった白子が、活動を通して垣間見たのは、内戦下の子どもたちの悲惨な境遇だった。

校舎が破壊され、学校に通えない子。娘を誘拐された母親。「ターゲットにしやすいのか、弱い子どもや若者が犠牲になっているようだった」。わが子の身を案じた若い親の世代が、トルコ経由で続々とエーゲ海を渡ってきていた。

だが、多くの難民の流入で、マケドニアが入国を制限した。担当した国境付近のテッサロニキ市近郊には、足止めされた難民たちによる3千人規模のキャンプが複数できていた。

診察すると、不眠や腹痛、食欲不振など心の悩みに起因するとみられる症状も多かった。それは治療によって、根本の状況を変えてあげられるわけではない。「不安な思いを共有することしかできなかったのが、つらかった」

当時のシリア難民移動ルート

1カ月の派遣期間を終え、次のチームに引き継いで帰国する際、通訳の女性がポツリと漏らした言葉が忘れられない。「みんな『またね』と帰っていくけれど、自分はいつになったら帰ることができるのかな」。彼女もまた、キャンプで暮らす難民だった。

海外での活動経験の豊富な白子が初めて派遣されたのは、1995年。カンボジアでの診療所の再建だった。「医療の原点に立ち返って、何もないところで聴診器ひとつを頼りに、聞いて、見て、触って、診療するのも大切ですよ」と元上司に送り出された。

ポルポト派の大虐殺後に和平を取り戻し、復興を目指していた時期で、現地の職員は、家を追われ強制労働などの過酷な体験を経ていた。

「同じ時を生きていて、こんなにも差があることに申し訳ない気持ちになり、私にできることは何かを考えた」

以降、津波被害のインドネシア・スマトラ島、地震被災地のハイチとパキスタン、コレラ渦のジンバブエなどでも活動してきた。現在、高山赤十字病院の第一内科部長という要職にあるが、その思いは変わらない。

新たな戦乱や災害が起こるたび、そこには必ず医療を待つ人々がいる。派遣に際しては「被災者に寄り添い、その不安を少しでも和らげることができれば」と願うという白子。17年12月末には、ミャンマーでの迫害から逃れたイスラム教徒ロヒンギャの難民が避難するバングラデシュに向かった。

【シリア難民】中東の民主化運動「アラブの春」が波及したシリアで2011年、内戦が勃発。政権側と反体制側、さらにISなどのイスラム過激派が絡む混乱で、人口の4分の1に当たる550万人

（16年末）が難民になり、周辺国や欧米に逃れた。「21世紀最大の人道危機」といわれる。日本政府は留学生として家族を含め計300人規模の受け入れを表明している。

キャンプで授業再開

でこぼこ道を車で進むと、壁や柱だけが残った家が見えてきた。無数の弾痕が、直前まで戦闘があったことを物語った。

国際的な子ども支援組織「セーブ・ザ・チルドレン・ジャパン」の吉田克弥（43、安八郡神戸町出身）は2009年、内戦終結直後のスリランカに赴いた。教育の再開が目的だった。

民族対立を背景に、政府軍とタミル人武装組織「タミル・イーラム解放のトラ」（LTTE）の間で25年間続いた内戦。当時の国内避難民は数十万人に及び、激戦地のムッライッティーブーやキリノッチなど担当した北部は、校舎に着弾の穴が開くなど学校まで破壊されていた。

吉田克弥さん

「先生の給料をどうするか。教科書やノートをどうそろえるか。家で勉強できる環境にするには、家計も安定させないといけない」

避難民や地域住民から要望を聞き取り、資金を集めて避難民キャンプごとに臨時学習所と集団遊びの場「こどもひろば」を作った。鉄管の骨組みにシュロの葉をふいただけの壁もない簡素な造りだが、授業再開にこぎ着けた。

住居も食料もままならない時期に、なぜ教育か。「学校は読み書きそろばんだけでなく、あいさつや整頓を含め集団でライフスキルを学ぶ場。一時的でも無くなるのは、子どもたちにとって損失だ」

さらに、ストレスによる父母の暴力や人身取引があれば、教員らが気付いて保護につなげることができる。民族や宗教の対立をあおるのではなく、融和を説く場にも。「教育の役割は、まさに大きいんです」

吉田は米国の大学院で発展途上国支援の事業管理を学び、東ティモールやアンゴラ、スーダンなど内戦が終わった国で復興や地雷回避教育に携わった。

紛争や地雷が残した爪痕に、「ここまで人を傷つけることができるのか」と人間の所業に暗たんたる思いを抱いた。一方で、復興に向かう現地の人や世界中から集まる国際機関やＮＧＯ（非政府組織）の人々の姿を通し「人の根底には人を助けたいという思いがある」と希望も感じる。

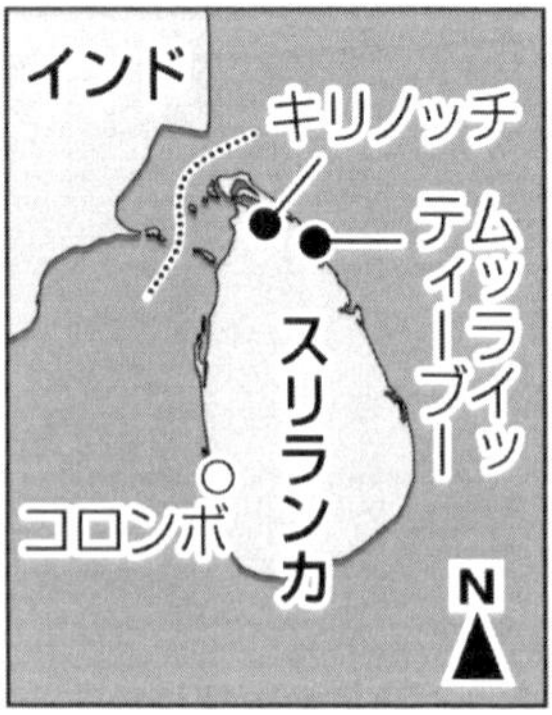

現在のセーブ・ザ・チルドレンでの所属は、営業職に当たる法人連携部。年21億円（16年度）に達する活動資金の46％をブルガリ、イケア、Ｐ＆Ｇなどのグローバル企業を含む法人の寄付で賄っているが、仕事は単に寄付を集めることではない。

「社会的問題の解決のため、共に歩んでいきましょう、と声掛けをしている」

インドで使う教材を一緒に開発したり、企業から社員の出向を受け入れたり。一緒にキャンペーンを展開することもある。紛争や災害、貧困下にある子どもたちと企業や消費者、投資家をつなぐ橋渡し役として、やりがいを感じている。

「例えば難民問題ならば、シリアや南スーダンの人たちを単に『難民』とくるのではなく、1万人には1万通りの人生、1万通りの涙があると心に留めている。日本にいると地続きの問題であるとは思いにくいが、想像力を大切にしてほしい」と訴える。

【セーブ・ザ・チルドレン】　子どもの支援活動を行う国際ＮＧＯ（非政府組織）。１９１９年に英国で誕生し、現在約１２０カ国で活動している。日本法人は86年の設立で、東京、大阪、海外４カ国に約60人の職員がおり、２０１６年度はシリアでの「こどもひろば」設置、パレスチナ自治区ガザでの教育施設整備、熊本地震緊急復興支援などを手掛けた。

戦争の背後にレンズ

「僕が難民取材を続けるきっかけになった1枚です」

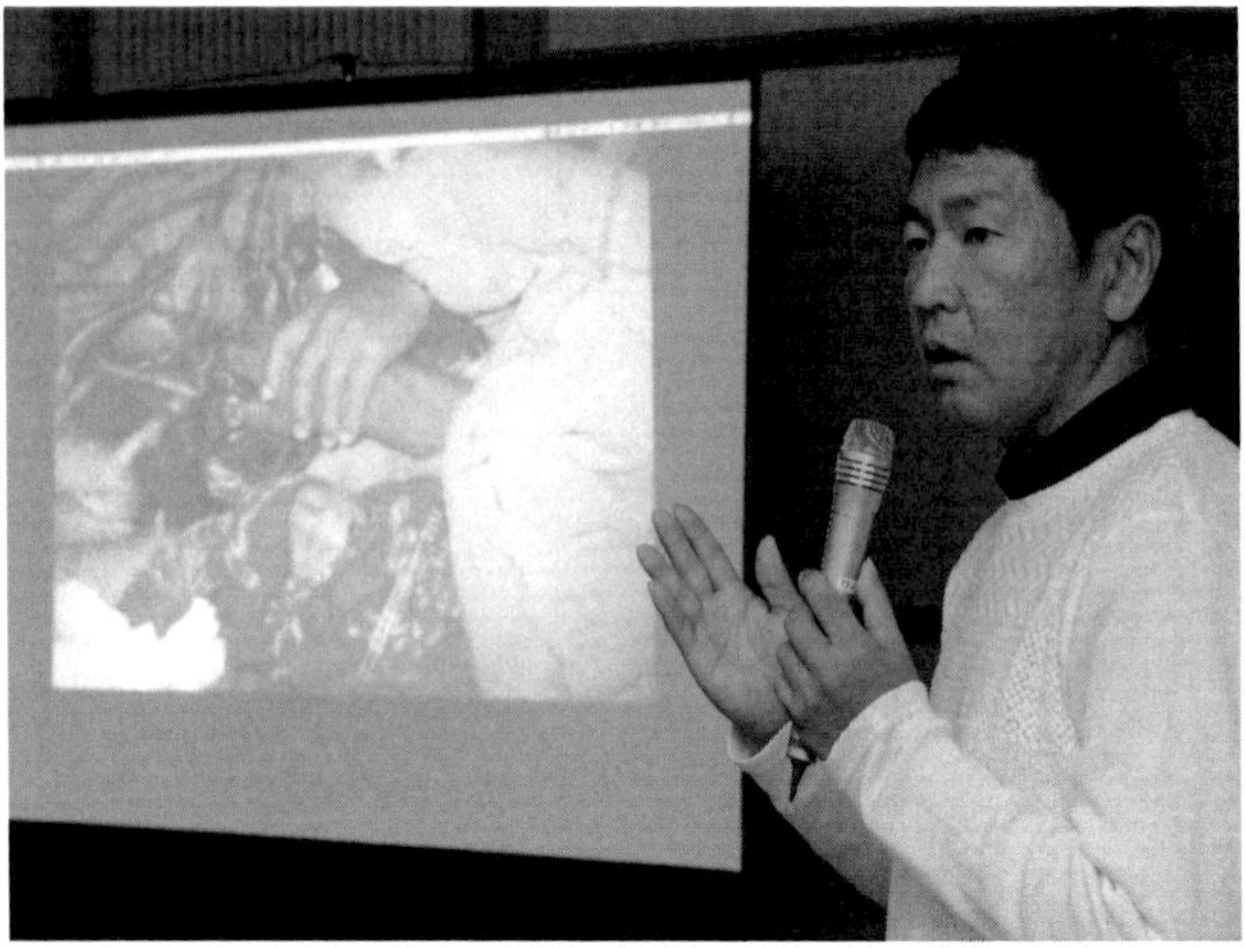
母親の傍らで眠る赤ちゃんの写真を見せながら「いまだに病院に連れて行くべきだったかと思い出す」と話す久保田弘信さん

母親の傍らで眠る赤ちゃんの写真が、スクリーンに写し出された。アフガン難民キャンプで生まれたその幼い命は、生後わずか20日で息を引き取ったという。

２０１７年10月、岐阜市内で開かれた「ぎふアジア映画祭」の講演で、大垣市出身のフォトジャーナリスト久保田弘信が、01年秋から翌年１月にかけての取材を振り返った。

ちょうど米が同時多発テロの報復としてアフガニスタンを攻撃し、全土を支配していたイスラム原理主義者タリバンの政権が倒れたころ。隣国パキスタンのクエッタ郊外に逃れた難民たちは、厳しい冬の寒さに震えていた。

窮状を目にした久保田は放っておけなかった。市場で買い集めた毛布とビスケットを配り、いったん帰国して寄付を募り、小麦粉やミルクを届けた。

往復するうちに資金は底をつき、消費者金融から２００万円を借りた。ジャーナリストの仕事の範囲を超えていた。

帰国後の会合で会った元国連難民高等弁務官の緒方貞子は「あなたのことは聞いています」と明かして、こんな言葉を掛けてくれたという。

「日本人は優しいから、現状を知れば募金をしてくれる。でも、それが知られていないから、あなたたちの仕事は大事よね」
講演で80人の聴衆を前に久保田は訴えた。「戦争の被害者は、爆弾に当たる人だけではない。食料が無い、医療が無いと死んでいく人は、無数にいる」
もともとは、バイクレースや旅行雑誌の写真を撮るカメラマンだった。そのうち、「きれいな写真だけ撮っていていいのか」と海外のスラムや難民など世の中の陰の部分にレンズを向けるようになった。

アフガン戦争では、ビデオカメラを手にタリバンの拠点カンダハルに入り、イラク戦争の時は空爆下のバグダッドからリポート。戦地取材の実績を積んできたが、最近は仕事を続けるのが困難になってきたという。

写真ジャーナリズムを支えた雑誌は廃れ、テレビ局は迫力ある戦闘シーンがないと採用してくれなくなった。「売り込んでも、難民と言うとV（録画）を見ようかという話もない」

それでも久保田は17年8月、シリア難民の取材のため、トルコとギリシャ、マルタを巡った。1年前に会った人たちのその後の状況を聞くためだった。

極右勢力が台頭する国で石を投げられた元教員、受け入れが進まず家族が三つの国に分断された医師……。内戦が始まって6年。「みんな疲れて希望を無くしていた。『早く帰りたい』と言っていた人たちが、『もう無理かな』って」

取材に40日間をかけたが、映像を使ってくれたのはCS放送1社のみ。報酬は航空券代にも満たない。今はクラウドファンディングなどで集めた資金で自主製作した記録映画の上映と講演が、成果を伝える柱になりつつある。

最初のアフガン難民取材から20年。「救えなかった命がある。見た者としての責任がある」という思いが次の取材へと駆り立てる。

【アフガン戦争】　２００1年9月の米同時多発テロの首謀者をかくまったとして、米英軍などは翌月、イスラム原理主義のタリバンが政権を握っていたアフガニスタンを攻撃。反タリバンの北部同盟などが同12月に支配地域を奪還した。02年に暫定政権が発足し新憲法も制定されたが、北大西洋条約機構NATO）軍の駐留が続いている。同戦争前から紛争が続く同国の難民数は16年末で２５０万人。

紛争の地で共存を探る

玄関の扉を蹴破り、銃を手にしたイスラエル兵が押し入ってきた。顔にまで迷彩を施した完全武装の姿だった。

２０１7年3月、高山市出身の心療内科医、桑山紀彦（54）が、ヨルダン川西岸地区の

桑山紀彦さん

民家を訪れた時のこと。泊めてくれた臨床心理士ナーセルは言った。「いつものことだ。慣れるしかないよ」

トランプ米大統領のエルサレム首都認定で緊張が高まるパレスチナ自治区。桑山は同年春、その西岸地区ラマラ近郊のジャラゾーン難民キャンプで、心のケアを始めた。

身内を銃で撃たれたり、兵士の理不尽な暴力を間近で見てきたパレスチナ人の子ども100人をワークショップ形式でケアする。「そのままでは、大人になった時に怒りで銃を持つ。その連鎖を断ち切りたい」という思いからだ。

自らの人生の土台を確認する「ジオラマ制作」では、子どもが粘土で「住みたい理想の街」を作った。そこには、ユダヤ人入植地を隔てる壁も監視塔も無い。公園やモスク（礼拝所）、学校などごく当たり前の街が出来上がった。

他者を演じて心を整理し、想像力を取り戻す「映画ワークショップ」にも取り組む。桑

山がイスラエルとの共存を考える脚本を書くと、読んだ現地職員の顔色が変わった。「共存って何？　攻めてきたのは向こう。私たちは普通に暮らしていただけだったのに」

ユダヤ人が2000年前にパレスチナの地を追われて祖国を失い、第2次世界大戦でホロコースト（ユダヤ人大量虐殺）に遭ったユダヤ人側の背景を説くが、納得してもらえない。最後はせりふの一部を変えることで折り合った。

「答えは見つからないかもしれないけれど、考えることをやめちゃいけない。思考停止になって感情に任せたとき、争いが始まる」。歴史も宗教も現在の境遇も異なる二つの民族。複雑に絡み合った対立を前に「間に入る日本人でありたい」と考える。

カンボジアやソマリア、東ティモールなどの紛争地で医療支援に携わり、パレスチナ自治区では2003年からガザ地区で心のケアを続けてきた。「世界平和を語るなら、パレスチナ和平は避けて通れない」という思いからだ。空爆下で救命救急や患者搬送にあたったこともある。

国内に戻ると、世界で出会った難民や被災者の姿をギター演奏と映像で紹介する「地球のステージ」に取り組む。

現在は神奈川県海老名市を拠点に年150回の公演を重ねており、1996年の開始からの累計は3600回超。参加人数は100万人を数える。

学校を中心に回るのは、草の根から平和の意識を積み上げたいという思いから。子どもが変われば、それを見て大人も変わると考えている。

「一人の力は微力だけれど、無力じゃない。一人の人間として、できることをやろうというのは、杉原千畝さんと同じなんじゃないかな」。これからも世界を駆け回り、悩む人たちに向き合うつもりでいる。

【パレスチナ難民】 1948年のイスラエル建国や67年の第3次中東戦争で居住地を追われ周辺国などに逃れたパレスチナ人と子孫で、約500万人いる。大半がイスラム教徒。パレスチナ自治区ガザ地区に130万人、西岸地区に80万人の登録難民がいる。帰還を主張しているがイスラエルは拒否している。

取材を終えて

杉原千畝氏が「命のビザ」を発給した当時、時代の空気はどんなものだったのだろうか。発給のさなかの1940年8月3日付の岐阜日日新聞（現岐阜新聞）の夕刊は、1面トップに「日独伊政治的結成　近く外交折衝を開始」と三国同盟締結を予見する記事を掲載。隣には、「陸海鷲　重慶を猛爆」と37年に始まった日中戦争の戦況を伝える見出しが立つ。同日朝刊には、戦争に必要な米を確保する供出制を受けた「節米良好　代用食増産へ」や「可児加茂防空演習」などの記事が並び、まさに戦時体制だ。太平洋戦争の開戦前ながら、すでに戦争が庶民の暮らしにまで影を落としていた様子がうかがえる。

欧州も風雲急を告げていた。ポーランドは39年、第2次世界大戦の戦端となり、ドイツとソ連にわずか1カ月ほどで分割占領されてしまう。もともと、中世以降の融和政策を受け、欧州最大の300万人前後のユダヤ人が暮らしていた。「ユダヤ人の楽園」とも称された同国からは、戦禍と迫害を逃れた人々が隣りのリトアニアに逃げ込んだ。

当時の首都ビリニュスは、「リトアニアのエルサレム」といわれるほどユダヤ人比率が高く、困窮した同胞たちを受け入れた。だが、安寧な暮らしは続かない。40年6月、ソ連は戦車をリトアニアに進駐させ、武力や謀略でソビエト政権を誕生させてしまう。国内にとどまるならば、ソ連の市民権を得るか、シベリア送りかの選択を迫られることに。ユダヤ難民たちは、欧州を揺るがす戦乱と同時に、高まる民族主義を背景にしたユダヤ人排斥、さらに勢力を広げる共産主義という時代の大波に翻弄《ほんろう》されていたのだった。

千畝氏は、日本の外交や軍事上の進路を左右するソ連の動向をさぐるため、日本人のいない小国リトアニアに送り込まれた。ポーランドの諜報関係者と接触し、ソ連軍の集結状況などの情報を得ていたとみられる。諜報関係者の出国にも関与していたようだが、本省の意向に背いて多数のユダヤ難民に通過ビザを発給したのはその見返りではなく、やはり手記の言葉通り「人道博愛精神」だったのだろう。

こうした情勢の中で出された「命のビザ」を伝える「杉原リスト」は、残念ながら世界の記憶への登録を逃した。理由は明らかにされていないが、申請を巡っては、出生地を申請者の八百津町ではなく岐阜県武儀郡上有知町（現美濃市東市場町）とする指摘や、提出した手記が千畝本人のものでないとする疑義が出されていた。町が一部を取り下げたことで文書の真正性を問われたか、異論のある案件は当事者同士での意見調整を求めるとするユネスコの制度改革が影響したとみられている。

千畝氏の四男伸生氏が取り寄せた戸籍には、出生の場所として上有知町が記載されていた。税務官吏であった父好水の届け出による公文書なので、文書自体は動かしがたい。近くに千畝町という地名があり、命名にあたり参考にした可能性も考えられる。その一方で、妻幸子は「北山で生まれた」との証言を残す。千畝氏から「北山で産湯に漬かった」と聞いたとされる人もいる。慣習として母やつが八百津町北山地区の実家で里帰り出産し、書類上は赴任先の住所を記載したとする説明は、当時の出産事情を考慮すると不自然とはいえない。

もとより本籍地と自宅はともに八百津町なのだが、父好水は上有知町のほか、中津町（岐阜県中津川市）、三重県桑名市、名古屋市などへ転勤を繰り返しており、少なくとも学齢期以降は千畝氏を伴って赴任している。幼少を八百津町で過ごしたとされるが、どの程度住んでいたかは判然としない。

こうした理由から、本書では出生地を特定せず、八百津町を「出身地」や「故郷」と表記した。これは、記念碑建立の話が町に持ち込まれた当初から顕彰を担ってきた幸子さんや長男弘樹氏（いずれも故人）の見解に沿ったものだ。73歳の千畝氏がモスクワから弟に送った手紙の中で「八百津の山山がトテモ懐かしくなった」と郷愁を示す記述からも本人に故郷の認識があったことがうかがえる。

当初申請した49枚の手記の6ページ目に「岐阜県加茂郡八百津町の名古屋税務監督局の官吏の家に生まれた」という記述がある。手記に関しては、出生地を「武儀郡上有知町の一仏教寺内の借間であった」とする箇所を「加茂郡八百津町」と修正された下書き段階のものが存在する。だが、八百津町の依頼で鑑定した魚住和晃神戸大名誉教授は、2017年2月24日付の筆跡鑑定書に当該の修正箇所も含めて「すべてが杉原千畝自筆筆跡であることを認定します」と記した。

この中で魚住氏は、修正箇所にある特定の字に「不要の点」と呼ばれる独特の書き間違いを指摘し、別の文書の筆跡にも同じ書き間違いの存在を明かしている。加齢や震えで字体が変化する「外的要因」に対し、こうしたくせ字などの「内的要因」は変化しないとされ、魚住鑑定は本人以外の手による修正や模写の可能性を否定した。これ以上の対立を避けるために公開は控えられたが、私はこの指摘には説得力があると考え、千畝氏自身が八百津町を故郷と認識していた根拠のひとつになり得ると判断した。

出生地と出身地の違いを示す例として、作家井上靖氏のエッセー「天城の雲」（『穂高の月』収録、山と渓谷社刊）の冒頭に、次のような記述がある。「私は北海道旭川で生まれた。併し、年鑑や名簿などでは私の出生地は殆ど静岡県となっている。自分で書く時は出生地は旭川、出身地は静岡県と区別して書くが、多くの場合、静岡県生れにされているのが普通である」

井上氏の父は軍医で、千畝一家同様に転勤で居住地を転々とした。学齢期の6歳以降は伊豆の祖母のもとで少年時代を過ごしたことから、井上氏は出身地を伊豆と考えていたようだ。弊社の表記の場合、原則として出身地は出生地を書くが、こうした本人や遺族の意向を反映するケースも時折ある。こうした理由から、本書では八百津町出身と記述した。

一連の議論は、後世に残す資料の真正性を問い、千畝氏の研究をより深めていく意味では必要なことと考える。そのため、第7章では八百津町での顕彰の経緯や、同町と千畝氏の関わりを掘り下げた。意見の分かれる出生地についても両論のせめぎ合いをなるべく記録に残しておいた。

だが、連載で伝えたかったのは、こうした問題ではない。過去のユダヤ難民の救出を郷土が誇る美談として取り上げるためでもない。戦争や民族差別が行き着くとどのような事態を招くのかを歴史から学び、今の時代に伝えていくこと。そして、困った人が目の前にいた時に、千畝氏のように一人の人間として何ができるかを考えたいということだ。いま現在、シリアやイエメン、ミャンマー、パレスチナなど世界では内戦や民族対立を背景に難民が生まれ、逃れている現実がある。遠く離れた私たちにできることは限られるかもしれないが、身近なところから難民問題に目を向けてもらえればと願って最終第8章の「現代の難民」を連載のまとめとした。

街を歩けば、自転車に乗ったベトナム人の技能実習生とすれ違い、コンビニでは中国名の店員がレジに立つ。岐阜市の地場産業の縫製を支えているのも若い外国人たちだ。外国人労働者の就労資格を単純労働にも広げる入管難民法の改正案が閣議決定され、人口が減る中、労働の現場での活躍が期待されるが、共生に向けた取り組みは追いつくのだろうか。欧州や米国の事例を持ち出すまでもなく、移民社会はともすれば極端な民族主義や排外主義の火種になりかねない。千畝氏が生きた時代を思い起こし、どうすれば共に歩むことができるかを模索しなければいけない。

今回の新聞連載「千畝の記憶　岐阜からたどる足跡」は、加茂郡八百津町が「命のビザ」や「杉原リスト」などの関連資料を国連教育科学文化機関（ユネスコ）の「世界の記憶」（世界記憶遺産）に申請するのに合わせ、地元紙として千畝氏の足跡を追ってみようと始まった。同町を担当する鈴木隆宏記者（現経済担当）、東京支社の宮本覚記者（現報道部デスク）と手分けし、2016年5月17日付から17年12月18日付まで全8部、計56回連載した。取材地は国内外に及び、発給から80年近い年月を経ていることもあって当時を知る人を探すのは困難を極めた。とはいうものの、今も世界各地で広がりをみせる研究や顕彰の活動に携わる人たちから最新の話を聞くことができた。

一連の取材の中で、教訓として最も心に響き、そして恐ろしく感じたのは、アウシュビッツ・ビルケナウ博物館のパーベル・サビツキ広報官が語った「私は、虐殺は言葉から始まると考えている」という言葉だった。人をさげすみ、おとしめ、侮辱する言葉は、いつしか差別心につながり、ひいては暴力を肯定することにつながる。その先に虐殺や戦争が待っているのだろう。人間が誰しも持つ闇の部分を戒めつつ、本書が狂気の時代に希望の光を放った千畝氏の行為を知る一助になれば幸いだ。

今回の取材では、杉原千畝記念館の国枝大策館長、外務省外交史料館の白石仁章さん、大正出版の渡辺千代子さん、遺族の杉原美智さん、杉原まどかさんに企画段階からアドバイスを受けた。ユダヤ難民上陸地の福井県敦賀市の「人道の港　敦賀ムゼウム」の古江孝治元館長、滞在地の神戸市の神戸外国人居留地研究会の岩田隆義さんや神戸市文書館の松本正三館長、出港地の横浜市では市歴史博物館の井上攻副館長らから資料や情報の提供を受け、最新の話題を盛り込むことができた。

また、リトアニアでは現地在住の岸田麻里亜さんと、ポーランドでは留学生の山口正光ピヨトルさん、スギハラ・サバイバー（命のビザによる生存者）が多数住むイスラエルでは元八百津町国際交流員のクリチェリ・ヨセフさんが、それぞれコーディネートや通訳を引き受けてくれた。短い日程で不慣れな海外取材を国内以上にこなすことができたのは、この3人の協力があったからにほかならない。岐阜県から出向した在リトアニア日本大使館の高山裕規1等書記官（当時）や、カウナス市の杉原記念館のシモナス・ドビダビチュス氏にもお世話になった。あらためてお礼を申し上げたい。

多くの助言をいただいた杉原千畝研究者で大正出版社長の渡辺勝正氏が２０１８年12月に、杉原氏を英語教科書で紹介した元高校教論の安藤富雄氏が19年６月に亡くなられた。謹んでお悔やみを申し上げます。

２０１９年12月

報道部写真担当・遊軍　堀　尚人

杉原千畝関連略年譜

	杉原千畝の足跡と関連事項	国内外の情勢
1900年（明治33）	1月1日　杉原千畝誕生。岐阜県加茂郡八百津町出身の父好水、母やつの次男	義和団事件で日本など連合軍派遣
1904年		2月　日露戦争始まる。朝鮮半島と満州（中国東北部）の権益で対立
1905年		9月　ポーツマス条約調印。日露戦争の講和条約で、日本が遼東半島租借権、長春－旅順間の鉄道などの権益を得る
1906年	4月　中津尋常高等小学校（現中津川市立南小）入学	
1912年（大正1）	3月　古渡尋常小学校（現名古屋市立平和小）卒業 4月　愛知県立第五中学校（現瑞陵高校）入学	7月　明治天皇が崩御、大正に改元
1914年		7月　第1次世界大戦始まる
1917年		ロシア革命。世界初の社会主義政権が成立
1918年	4月　早稲田大高等師範部（現教育学部）英語科入学	シベリア出兵。捕虜救出を口実に英米仏日が革命に干渉
1919年	7月　外務省留学生採用試験に合格	
1920年	12月　旧陸軍一年志願兵として歩兵第79連隊（龍山）に入営	
1921年	母やつ死去	
1923年		9月　関東大震災
1924年	外務省書記生採用	

1925年	ハルビン着任	
1926年（昭和1）	「ソヴィエト連邦国民経済大観」刊行	12月　大正天皇が崩御、昭和に改元
1928年		6月　張作霖爆殺事件。関東軍参謀による満州軍閥の謀殺で、後の内閣総辞職につながる
1929年		10月　世界恐慌始まる（米ウォール街の株価大暴落）
1931年		9月　満州事変。鉄道爆破事件を口実に関東軍が満州で軍事行動開始
1932年	5月　初婚相手クラウディアと八百津町に帰省、蘇水峡で舟に乗る 6月　満州国外交部特派員公署事務官に任命	3月　満州国が建国宣言 5月　五・一五事件。海軍青年将校らが犬養毅首相を殺害
1933年		3月　日本が国際連盟脱退通告。満州国の不承認に反発
1935年（昭和10）	7月　満州国外交部を辞任	3月　北満鉄道譲渡の協定調印 9月　ドイツがユダヤ人の公民権を奪うニュルンベルク法発布
1936年	菊池幸子と結婚	2月　二・二六事件。陸軍青年将校らによるクーデター 11月　日独防共協定締結
1937年		7月　盧溝橋事件。北京郊外での日本軍への銃撃が日中戦争に発展
1938年		3月　ドイツがオーストリア併合 11月　水晶の夜事件。ドイツ全土でユダヤ人商店やユダヤ教会堂が襲撃される
1939年	8月　リトアニアの臨時首都カウナス着任	8月　独ソが不可侵条約締結

1940年	11月 カウナスに日本領事館開設	9月 ドイツ、ポーランドに侵攻。第2次世界大戦勃発
	12月 ソリー・ガノール、杉原と出会う	9月 ソ連がポーランド東側に侵攻、ドイツと分割占領
		10月 首都ビリニュス、リトアニアに返還
	7月 ユダヤ難民に日本通過ビザの発給開始	6月 ドイツ軍、パリ入城
	7月31日 アレキサンダー・ハフトゥカに「命のビザ」発給（ビザリスト459番、八百津町所蔵）	6月 アウシュビッツ強制収容所開設。当初は政治犯を収容
	8月末 日本領事館を閉鎖、杉原はメトロポリスホテルを経てベルリンへ	6月 ソ連、リトアニアに進駐
	9～10月 福井県の敦賀港で大規模なユダヤ人上陸始まる	7月 リトアニア、人民議会選挙を経てソビエト政権樹立宣言
		8月 ソ連がリトアニア併合
		9月 日独伊三国同盟に調印
1941年	2月 キリスト教会が、神戸市のユダヤ人協会にリンゴ寄贈	6月 ドイツ、不可侵条約を破りソ連侵攻
	9月 ユダヤ難民の最終便とみられる上海行き「大洋丸」が神戸港出港	12月 真珠湾攻撃で太平洋戦争始まる
1942年	2月 在プラハ総領事館で「杉原リスト」作成、外務省に送付	
1945年（昭和20）		5月 ドイツが降伏
		8月 日本が無条件降伏、第2次世界大戦が終結
1946年		11月 日本国憲法公布
1947年	4月 シベリア鉄道経由で帰国	
	6月 外務省から退職通知書	
1948年		5月 イスラエルが独立宣言
		5月 アラブ諸国とイスラエルが第1次中東戦争

1950年		6月　朝鮮戦争始まる
1956年		第2次中東戦争
1960年	川上貿易の事務所長としてモスクワ赴任	
1967年		第3次中東戦争
1969年	9月　難民代表の交渉役、ゾラフ・バルハフティクと再会	
1973年		第4次中東戦争
1975年（昭和50）		4月　サイゴン解放でベトナム戦争終結
1976年	5月　八百津町の料理旅館「いこい」で親族と食事会	
1977年	モスクワから帰国（～78年）	
1978年	手記（1枚）執筆	
1981年	西ドイツテレビ協会のゲルハルト・ダンプマンが『孤立する大国ニッポン』（日本語版）出版	
1982年	手記（49枚）「決断　外交官秘話」執筆	
1985年（昭和60）	1月　イスラエル政府より「諸国民の中の正義の人賞」（ヤド・バシェム賞）を受ける	
1986年	7月31日　鎌倉市で死去。享年86歳 9月　八百津町議会一般質問で、糟谷直人議員（当時）が名誉町民にする考えがないかただす	4月　チェルノブイリ原発事故
1988年	伊神孝雄が八百津町に顕彰記念碑建立を提案	
1989年（平成1）		6月　ポーランドで自由選挙 9月　ポーランドで東欧社会主義圏初の民主主義政権誕生

		11月　ベルリンの壁崩壊
1990年	6月　妻幸子が回顧録『六千人の命のビザ』（朝日ソノラマ版）発刊	3月　リトアニア最高会議が独立回復宣言
1991年	10月　鈴木宗男外務政務次官（当時）が妻幸子ら遺族に謝罪	9月　ソ連がリトアニアの独立承認 12月　ソビエト連邦解体
1992年	リトアニア首都ビリニュスの国立ユダヤ博物館前庭に顕彰モニュメント「月の光よ永遠に」設置 8月　八百津町に「人道の丘公園」部分開園、モニュメント完成	6月　リトアニア日本大使館開設（在デンマーク大使館が兼轄）
1993年	3月　「命のビザ」を紹介した高校1年向け英語教科書「NEW COSMOS」が検定合格。まとまった形の教科書掲載は初	9月　イスラエル、パレスチナ解放機構（PLO）と暫定自治原則宣言（オスロ合意）に署名
1997年	ハフトゥカの娘シルビア・スモーラーが八百津町に「命のビザ」寄贈	1月　ビリニュスに日本大使館開設
1999年	7月　福井県の敦賀港開港100周年イベントで八百津町所蔵の「命のビザ」展示 12月　カウナスで有志が「杉原（命の外交官）財団」設立	
2000年	5月　カウナスの旧日本領事館、一部を杉原記念館として公開 7月　生誕100年に合わせ、人道の丘公園（八百津町）に杉原千畝記念館開館 10月　河野洋平外相（当時）が名誉回復の演説。外務省外交史料館で顕彰プレート除幕式	
2001年	10月　生誕100年記念で、ビリニュス、カウナスで桜植樹	9月　米同時多発テロ
2003年		3月　イラク戦争始まる
2007年	11月　八百津小学校、人権教育研究指定校の公表会で創作劇「メノラ	

	の灯」上演	
2008年	3月　福井県敦賀市に「人道の港　敦賀ムゼウム」開館 10月　妻幸子死去。享年94歳	
2011年	5月　「岐阜さくらの会」がビリニュスの公園に桜50本植樹 10月　早稲田大構内に顕彰碑を設置	3月　東日本大震災・福島第1原発事故 3月　シリア内戦始まる
2015年	3月　八百津町の杉原千畝記念館リニューアル 5月　オペラ「杉原千畝物語『人道の桜』」、リトアニアで初演 6月　八百津町、「杉原リスト」などの資料の「世界の記憶」登録に向け、日本ユネスコ国内委員会に申請 9月　カウナス駅とメトロポリスホテルに杉原の銘板設置 9月　「杉原リスト」、ユネスコ「世界の記憶」の国内候補に 12月　映画「杉原千畝　スギハラチウネ」公開	11月　パリ同時多発テロ
2016年	4月　古田肇岐阜県知事と西川一誠福井県知事、広域観光の「杉原千畝ルート」構築で一致 5月　八百津町、「杉原リスト」などの資料を「世界の記憶」に登録申請 6月　イスラエル・ネタニヤ市の海岸近くの通りを「スギハラ・ストリート」と命名 7月　八百津町とカウナス市、友好交流の合意書に署名	
2017年	2月　八百津町、申請書から出生地の記述を削ってユネスコに再提出。手記は取り下げ 9月　カウナスの杉原記念館の外装を「塗魂インターナショナル」の	

	職人が塗装、修復 10月　ユネスコ、「世界の記憶」に「杉原リスト」登録せず。国際諮問委員会の勧告を踏まえた 12月　岐阜・リトアニア友好協会が設立総会	
2018年	8月　八百津町の杉原千畝記念館が来館40万人達成 10月　名古屋市瑞穂区の瑞陵高校（旧県立第五中）に屋外展示施設「杉原千畝広場　センポ・スギハラ・メモリアル」が完成 10月　美濃市東市場町の教泉寺に市民団体が戸籍上の出生地を示す案内板設置	
2019年（令和1）	3月　東京・八重洲にNPO「杉原千畝命のビザ」が資料館「杉原千畝センポミュージアム」を開設 5月　イスラエル・ベイトシェメシュの学校で杉原千畝氏の記念碑除幕。近郊で85年に設置された記念碑が撤去され、植樹も伐採されたことから設置を決めた 10月　リトアニアのギタ－ナス・ナウセーダ大統領が八百津町の人道の丘公園を訪れ、千畝像に献花	5月　令和に改元

参考文献

六千人の命のビザ（杉原幸子著）朝日ソノラマ、大正出版
歌集　白夜（杉原幸子著）大正出版
諜報の天才　杉原千畝（白石仁章著）新潮社
戦争と諜報外交（白石仁章著）ＫＡＤＯＫＡＷＡ
決断　命のビザ（渡辺勝正編著）大正出版
真相　命のビザ（渡辺勝正著）大正出版
孤立する大国ニッポン（ゲルハルト・ダンプマン著、塚本哲也訳）ＴＢＳブリタニカ
日本人に救われたユダヤ人の手記（ソリー・ガノール著、大谷堅志郎訳）講談社
日本に来たユダヤ難民―ヒトラーの魔手を逃れて　約束の地への長い旅（ゾラフ・バルハフティク著、滝川義人訳）原書房
河豚計画（マービン・トケイヤー、メアリ・シュオーツ共著、加藤明彦訳）日本ブリタニカ
自由への逃走―杉原ビザとユダヤ人（中日新聞社会部編）東京新聞出版局
命のビザ、遙かなる旅路　杉原千畝を陰で支えた日本人たち（北出明著）交通新聞社
私はシンドラーのリストに載った（エノリア・ブレッチャー著）新潮社
サキエル氏のパスポート　愛と幻の満州国へ（石黒健治著）光人社
ハルビン学院と満州国（芳地隆之著）新潮社
大橋忠一関係文書（小池聖一、森茂樹編）現代史料出版
松岡洋右―その人と生涯（松岡洋右伝記刊行会編）講談社
太平洋戦争由来記―松岡外交の真相（大橋忠一著）要書房
アッツキスカ軍司令官の回想録（樋口季一郎著）芙蓉書房
命のビザを繋いだ男　小辻節三とユダヤ難民（山田純大著）ＮＨＫ出版
From Tokyo to Jerusalem（アブラハム小辻著）Bernard Geis Associates
リトアニア―民族の苦悩と栄光（畑中幸子、Ｖ・チェパイティス著）中央公論新社
TOLERANCE AND INVOLVEMENT（イレーナ・ベイサイテ著）BLILL RODOPI
ポーランドのユダヤ人　歴史・文化・ホロコースト（フェリクス・ティフ編著、阪東宏訳）みすず書房
日本・ポーランド関係史（エヴァ・パワシュ＝ルトコフスカ、アンジェイ・Ｔ・ロメル著、柴理子訳）彩流社
ホロコーストを次世代に伝える（中谷剛著）岩波書店
人道の港　敦賀　命のビザで敦賀に上陸したユダヤ人難民足跡調査報告（日本海地誌調査研究会編）
神戸市史紀要「神戸の歴史」第 26 号（神戸市文書館、新修神戸市史編集室編）
神戸・ユダヤ人難民 1940 － 1941　「修正」される戦時下日本の猶太人対策（金子マーティン著）みずのわ出版
MY STORY（ベルティ・フランケル著）
受験と学生 1920 年４月号　研究社出版
五中－瑞陵高校百周年記念誌（五中－瑞陵百周年事業委員会記念誌部会編）
社船調度品由来抄　下巻（日本郵船編）
横浜貿易新報（1940 年９月）
朝日新聞神奈川版（1941 年１月）
手記・決断「外交官秘話」（杉原千畝著）
手記・１枚（杉原千畝著）

協力者・写真提供者（敬称略・順不同）

NPO 杉原千畝命のビザ
岐阜県加茂郡八百津町
福井県敦賀市
外務省外交史料館
杉原千畝記念館
人道の港 敦賀ムゼウム
敦賀市立博物館
杉原記念館（カウナス市）
大正出版
レイチェル・フライフェルド
ソリー・ガノール
ベルティ・フランケル
斉藤真人
中島信彦
村井衡平
馬場久孝
大江敬子
樋口隆一
河野正匡
山田純大
杉原哲也
岡本易
伊神忍
白子順子

カバーデザイン　吉田恵美

岐阜新聞社編集局「千畝の記憶」取材班

堀尚人　　　第１章～第８章
鈴木隆宏　　第１章、第２章、第５章
宮本覚　　　第２章

本書は岐阜新聞に 2016（平成 28）年５月から 2017 年 12 月まで 56 回連載した「千畝の記憶　岐阜からたどる足跡」を収録したものである。

なお本文中の肩書、年齢は、連載時のままとし、原則敬称を略し、地名は（　）内に現在の自治体名を加えた。また適宜、文章を加除した。ご了承願いたい。

岐阜新聞アーカイブズシリーズ 5

千畝の記憶
岐阜からたどる「杉原リスト」

発 行 日	2019 年 12 月 21 日
著　　者	岐阜新聞社編集局「千畝の記憶」取材班
発　　行	株式会社岐阜新聞社
編集・制作	岐阜新聞情報センター　出版室 〒 500-8822 岐阜市今沢町 12 岐阜新聞社別館 4 階 電話　058-264-1620（出版直通）
印 刷 所	岐阜新聞高速印刷株式会社

※ 価格はカバーに表示してあります。
※ 落丁本、乱丁本はお取り換えします。
※ 許可なく無断転載、無断複写を禁じます。
© GIFU SHIMBUN 2019 ISBN978-4-87797-265-3